Selbst malern, lackieren und tapezieren

Bisher sind in dieser Reihe u. a. erschienen:

- Selbst Elektroinstallationen ausführen
- Selbst Fliesen und Platten verlegen
- Selbst Gartenkamine und Grillplätze bauen
- Selbst Gartenteiche anlegen und pflegen
- Selbst mauern, betonieren und verputzen
- Selbst Parkett, Holz- und Laminatböden verlegen
- Selbst schweißen, schlossern und löten
- Selbst Terrassen und Sitzplätze bauen
- Selbst Vorgärten, Einfahrten und Eingänge gestalten

Baierbrunner Straße 27, 81379 München

Text: Susanne Ratza
Chefredaktion: Dr. Matthias Feldbaum
Redaktion: Anja Fislage
Produktion: Ute Hausleiter
Abbildungen: siehe Bildnachweis S. 64
Titelabbildungen: mauritius images (u.); A. S. Création Tapeten AG (o.)
Gestaltung: Ingeborg Blaschitz
Umschlaggestaltung: Hartmut Baier

ISBN 978-3-8174-6168-4
5661682/4

www.compactverlag.de

Auf einen Blick

Kleine Farbenlehre

Bei der Gestaltung eines Raums werden Sie sich sicher eingehender mit den verschiedenen Farben einzelner Objekte und verschiedener Materialien sowie deren Wirkung auf die Umgebung beschäftigen.

1

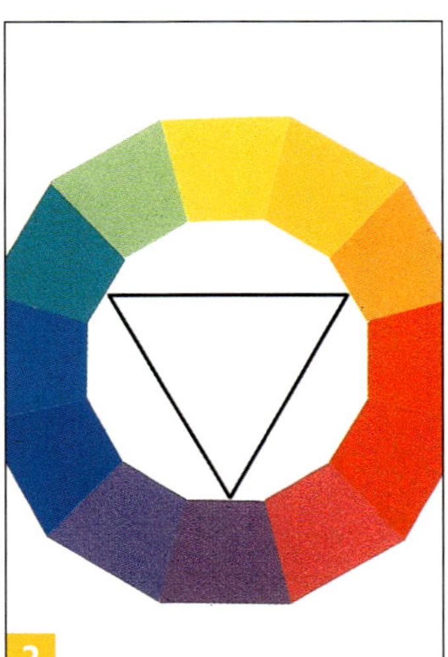

2

Farben beeinflussen das Wohlbefinden und die innere Einstellung zu unserer Umgebung. Lassen Sie sich deshalb nicht nur von Ihrer eigenen gefühlsmäßigen Beurteilung bei der Auswahl der Farben leiten, sondern ziehen Sie in Ihre Überlegungen ein paar bewährte Regeln der **Farbtheorie** mit ein.

Wenn man über Farben spricht, unterscheidet man den **Werkstoff** Farbe (das Anstrichmittel) und das **Erscheinungsbild** Farbe (die verschiedenen Farben). Hier wird zunächst von Letzterem die Rede sein.

Die Farben der Gegenstände werden erst durch Auftreffen von Lichtstrahlen auf ein Objekt für uns optisch wahrnehmbar. Wenn ein Lichtstrahl, der uns weiß vorkommt, gebrochen wird, werden die Farben des natürlichen Farbkreises sichtbar. Ein Regenbogen ist z. B. ein solches Ergebnis.

Trifft nun ein Lichtstrahl auf einen Gegenstand, so wird ein Teil der Farbe von diesem verschluckt, der restliche Teil zurückgeworfen und vom Auge wahrgenommen. Werden alle Lichtstrahlen zurückgeworfen, erscheint eine Fläche weiß, werden alle Lichtstrahlen verschluckt, erscheint sie schwarz.

1 Bereits Goethe hat dieses Phänomen wahrgenommen und beschrieben; sein **Farbkreis** besitzt heute noch Gültigkeit. Dieser Farbkreis baut sich aus einem Grunddreieck auf, an dessen Enden Gelb, Blau und Rot stehen.

Aus diesen drei **Grundfarben**, die Sie nicht durch Mischung anderer Farben erzielen können, sind alle weiteren Farbtöne des Farbkreises zusammengesetzt (in bestimmten Anteilen gemischt).

2 Aus je zwei Grundfarben setzen sich die **Mischfarben** ersten Grades zusammen:

Orange	=	Gelb + Rot
Violett	=	Rot + Blau
Grün	=	Gelb + Blau

Diese drei Farben stellen im Farbkreis ein umgekehrt eingezeichnetes, gleichseitiges Dreieck dar. Mischen Sie nun zwei benachbarte Farben miteinander, entstehen weitere Mischfarben. Je weiter Sie jedoch mit dem Mischen fortfahren, desto mehr verlieren die Farben an Leuchtkraft.

Folgende **Farbeinteilungen** sind noch gebräuchlich.

3 **Komplementärfarben**
Die jeweils gegenüberliegenden Farbtöne im Farbkreis ergeben

3

4

gegeneinander gestellt die stärksten möglichen Kontraste. Jede einzelne Farbe zieht stets den farbigen Schatten der Gegenfarbe nach sich.

PROFITIPP

Sollten Sie starke Farbkontraste im Raum wählen, beschränken Sie diese auf kleinere Flächen. Setzen Sie besser durch bunte Farbtupfer – beispielsweise durch den Einsatz von farbigen Möbeln – einzelne Akzente. Denn bei großen kontrastreichen Flächen besteht die Gefahr, dass die Gesamtstimmung zu unruhig wird.

4 Helligkeit eines Farbtons

Sie gibt die Größe der Lichteinwirkung an. Gelb ist z. B. mehr dem Licht zugeneigt als Violett und hat einen höheren Helligkeitswert. Die eine Hälfte des Farbkreises mit der Spitze des Gelbes lässt sich in helle Farben einteilen. Die andere mit Violett an der Spitze in dunkle Farben.

Achten Sie darauf, dass Sie in einem Zimmer ähnliche Helligkeitswerte haben. Durch Aufhellen einer dunklen und Abdunkeln einer hellen Farbe entstehen harmonische Farbklänge. Natürlich können Sie auch hier ein paar bunte Farbtupfer setzen.

5 Kalt-Warm-Kontrast

Farben werden oft als warm oder kalt empfunden. In erster Linie wird die Wärme oder Kälte einer Farbe durch die persönliche Einstellung oder durch Tradition bestimmt. Im Allgemeinen sind Mischungen aus Gelb und Rot „warm", ungemischte reine Grundfarben sowie Mischungen aus Blau und Grün „kalt".

5

Farben können zudem innere Kräfte freisetzen oder blockieren. Farbige Flächen in warmen Farbtönen wirken anregend und aktivierend. Kalte Farben wirken beruhigend und kühlend. Grüne Farbtöne werden oft als Ausgleich zweier Pole empfunden, sie wirken freundlich und entspannend.

Verschiedene Wandfarben

Pigmente

Kreide

Kasein

Anstrichstoffe setzen sich aus Farbmitteln, Lösungsmitteln und Zusatzstoffen zusammen.

Farbmittel bestehen meistens aus festen, fein zermahlenen Stoffen (Pigmenten), geben dem Anstrich das gewünschte Aussehen und verleihen ihm die nötige Fülle und Deckfähigkeit.

Bindemittel verkleben die Pigmente untereinander und mit dem Untergrund. Die Eigenschaften von Anstrichstoffen werden hauptsächlich durch das Bindemittel beeinflusst.

Lösungsmittel machen die Farbe streichbar und bewirken durch Verdunsten den größten Teil der Trocknung.

Zusatzstoffe sind in Anstrichstoffen in geringen Mengen enthalten, z. B. Sikkative, Verdickungsmittel und Antischimmelmittel.

Wandfarben werden meistens nach ihren Bindemitteln eingeteilt: **Leimfarbe** ist auf der Basis von Leimen als Bindemittel hergestellt. Sie besteht aus Kreide, Leim und Wasser als Lösungsmittel und ist problemlos selber herzustellen. Als Untergrund eignen sich alle Innenputze, Raufasertapeten und festsitzende Altanstriche. Bei Anstrichen in Feuchträumen ist allerdings von Leimfarbe eher abzuraten, da das Bindemittel nicht wasserfest ist. Der Anstrich muss nach dem Auftragen von mehreren Schichten abgewaschen werden, da die Haftfähigkeit weiterer Anstriche nicht mehr ausreicht. Dies bedeutet dann bei der späteren Renovierung aber auch einen erheblichen Mehraufwand.

PROFITIPP

Wenn Sie sich eine gesundheitlich unbedenkliche Farbe wünschen, die zudem preiswert und gut deckend ist, kann Leimfarbe genau die richtige für Sie sein.
Die Farbe ist dampfdiffusionsfähig, frei von jeglichen Zusätzen und somit auch für Allergiker gut geeignet.

Kaseinfarbe enthält Kaseinleim als Bindemittel. Sie bildet allerdings keinen Film auf der Wandoberfläche wie die Leimfarbe, sondern verbindet sich mit dem Untergrund und ist sehr waschbeständig. Sie kann ebenfalls selbst hergestellt werden. Als Untergrund eignet sich Kalkputz.

Dispersionsfarbe hat als Bindemittel Dispersionen aus synthetischen oder natürlichen Stoffen. Es ist die heute am häufigsten verwendete Farbe. Durch Gütebegriffe wie wisch-, wasch-, scheuer- und wetterbeständig ist die Qualität der Farbe genau nach bestimmten

PROFITIPP

Wenn Sie für Ihre Innenräume wasch- oder sogar nur wischfeste Farben auswählen, können Sie nicht nur am Preis sparen, Sie erhalten überdies ein Produkt, das weniger gesundheitsbelastende Zusatzstoffe aufweist als viele andere Wandfarben. Verschiedene Umweltzeichen, die Sie auf den Produktverpackungen sehen können, weisen auf eine schadstoffarme Zusammensetzung hin, die Sie bei Ihrer Kaufentscheidung berücksichtigen sollten.

Naturharzdispersion

Kalk

Silikatfarben – Bindemittel

DIN-Normen festgelegt. Je mehr Bindemittelanteile in einer Dispersionsfarbe enthalten sind, desto beständiger und hochwertiger ist sie. Für einen Innenraumanstrich in Wohnräumen genügt eine waschbeständige (waschfeste) Farbe.

Man unterscheidet zwischen **Kunstharz-** und **Naturharzdispersionsfarben.**
Bei den Kunstharzfarben differenziert man die Bindemittel Polyvinylacetat (PVAC), Polyvinylpropionat (PVP), Styrol-Butadien (Latexfarben) und Acrylate. Die Eigenschaften der Kunstharzdispersionen unterscheiden sich nicht wesentlich, sie sind dampfdiffusionsfähig, haftfest und leicht zu verarbeiten.

Naturharzdispersionen haben Baum- und Bienenwachse, Pflanzenleime und -gummis als Bindemittel. Die Farbe weist ähnliche Eigenschaften auf wie die Kunstharzdispersionsfarbe, das Dampfdiffusionsvermögen ist allerdings erheblich höher. Die schonende Herstellung erfordert geringen Energieaufwand ohne umweltbelastende Rückstände.

Kalk gehört wie Leimfarbe zu den herkömmlichen, gesundheitlich unbedenklichen Anstrichen. Als Untergrund eignen sich Kalkputz und alte Kalkanstriche. Kalk kann Schadstoffe aus der Luft sehr gut binden, hat desinfizierende Eigenschaften und ist stark diffusionsfähig (die Verarbeitung erfordert

Anmischen der Lasurfarbe

etwas handwerkliches Geschick). In unseren Industriegebieten kann Kalk allerdings kaum mehr verwendet werden, da der Schwefel aus der Luft sich mit ihm zu Gips verbindet und dieser abplatzt. Deshalb wird Kalk hauptsächlich in Kellerräumen, Garagen, historischen Bauten und in Ställen verwendet.

Silikatfarbe ist auf der Basis von Wasserglas hergestellt. Sie ist waschbeständig, sehr wasserdampfdiffusionsfähig, gut deckend und geht mit einem Untergrund aus Kalk eine chemische Verbindung ein. Diesen Vorgang nennt man „verkieseln". Silikatfarbe ist nur auf Kalkputzen zu verwenden. Im Fachhandel ist mittlerweile auch eine Silikatdispersionsfarbe erhältlich, die neben Wasserglas auch Kunstharzdispersion als Bindemittel ent-

Strukturwalze

hält. Sie ist auf allen Innenputzen verwendbar, allerdings muss auf gipshaltigem Untergrund mit einer Grundierung vorgestrichen bzw. ein Fixativ zugesetzt werden. Alte Öl- und Lackfarben müssen vor dem Anstrich abgebeizt werden. Durch die geringe Schichtstärke erzielen Sie einen matten, hauchdünnen Anstrich. Silikatdispersionsfarbe ist der Kunstharzfarbe ebenbürtig.

Reine Silikatfarben werden entweder auf Außenputzen oder im Innenbereich auf Kalkputzen verwendet. Sie finden immer mehr Beachtung in der Anwendung verschiedener **Lasurtechniken**. Eine breite Palette dezenter Farbtöne steht zum Abtönen der Wandfarben zur Verfügung. Mit Schwamm oder Bürste aufgetragen ergibt sich dann eine wolkige Struktur (s. S. 36) an der Wand.

Beim Verarbeiten von Silikatfarben ist es unbedingt notwendig, Handschuhe zu tragen, da diese Farben stark ätzend sind und dadurch die Haut angreifen. Ebenfalls sind Glas- und Keramikflächen vor Silikatspritzern sorgfältig zu schützen, es kann zu nicht entfernbarer Fleckenbildung kommen.

Der Trend geht momentan weg von weißen, eintönigen Flächen hin zu einer belebten Wandfläche. Sie erreichen diese entweder durch Farbigkeit oder aber Sie lockern eine glatte Wandoberflächenstruktur auf. Für Letztgenanntes verwenden Sie am besten eine Kunststoffwalze mit erhabenem, reliefartigem Muster – die **Strukturwalze**. Sie streichen die Wand mit einer beliebigen Wandfarbe und fahren anschließend in senkrechten Bahnen von oben nach unten, in der linken Ecke beginnend, mit der Walze über die Wand und prägen so ein Muster. Dabei müssen Sie zügig arbeiten, damit Ihnen die Farbe nicht antrocknet.

In jedem Anstrichstoff wirken verschiedene Spannungskräfte. Es empfiehlt sich daher, immer die gleichen Anstrichstoffe aufeinander zu streichen, da durch Spannungsunterschiede die Farbe abplatzen könnte. Welche Zeit verstreichen muss, bis ein zweiter Anstrich nötig wird, richtet sich nach dem Grad der Verschmutzung. Im Allgemeinen gilt: Küchen alle 2 bis 3 Jahre, sonstige Räume alle 3 bis 5 Jahre.

Verschiedene Holzschutzmittel

Imprägniermittel

Grundiermittel

Lasur

Der Begriff **Holzschutzmittel** ist gesetzlich nicht festgelegt, sodass jede Lackmischung als Holzschutzmittel verkauft werden kann. Die im Handel erhältlichen Produkte haben vielfältige Namen. Durch Bezeichnungen wie Wohnraumlasur oder Langzeit-Holzlasur ist es für den Verbraucher mitunter sehr schwer zu erkennen, für welchen Zweck die jeweiligen Mittel eingesetzt werden können.

PROFITIPP

Bei bereits vorhandenem Schädlings- oder Pilzbefall des Holzes sollten Sie Holzschutzmittel nie ohne das amtliche ***Prüfzeichen des Instituts für Bautechnik der Bundesanstalt für Materialprüfung*** *kaufen. Ansonsten können Sie im Innenbereich auf Mittel mit fungiziden und insektiziden Zusätzen verzichten.*

So wie es für die Verwendung von Holzschutzmitteln im Innenbereich keine Vorschriften gibt, ersetzt auch im Außenbereich ein baulicher Holzschutz, der Nässestau vermeidet, die schädlichen Mittel. Nachdem es in den letzten Jahren durch lindanhaltige Holzschutzmittel zu verschiedenen Krankheitserscheinungen gekommen ist, ist man in der Auswahl der Mittel vorsichtiger geworden.

Holzschutzmittel können wie folgt eingesetzt werden:

- als Vorbeugung gegen den Befall des Holzes vor Schimmel und anderen Schädlingen,
- als Grundierschicht für den nachfolgenden Anstrich,
- als Verschönerung und Oberflächenveredelung,
- als Schutz vor Verschmutzung und Einwirkung des UV-Lichts.

Holzschutzmittel sind entweder mit dem Lösungsmittel Wasser oder mit organischen Lösemitteln erhältlich. Dabei werden folgende Präparate unterschieden: Imprägniermittel, Grundiermittel, Lasuren, Wachse und Beizen.

Imprägniermittel

Hierbei handelt es sich um Holzschutzmittel, die möglichst tief in das Holz eindringen, um eine optimale Schutzwirkung vor Schädlingen, eindringender Feuchtigkeit und vor Vergilbung des Holzes durch UV-Strahlung zu erzielen. Öle, wasserlösliche Salze, bituminöse Stoffe, Karbolineum, Wasserglas und Silikonpräparate sind die üblicherweise verwendeten Mittel. Borsalze sind wegen ihrer geringen Giftigkeit sehr zu empfehlen.

Eine 5-prozentige Borsalzlösung schützt das Holz zuverlässig vor Schädlingsbefall. Diese mischen Sie aus 5 Teilen Borsalz und 95 Teilen Wasser zusammen.

Wasserlasur

Beize

Ballenmattierung

Grundiermittel
Diese Holzschutzmittel ähneln den Imprägniermitteln, sie dringen allerdings nicht so tief wie diese in den Werkstoff ein. Zudem dienen sie als Grundierschicht für nachfolgende Anstriche. Sie werden auch als gering pigmentierte Anstrichmittel mit fungiziden und insektiziden Zusätzen im Handel angeboten.

PROFITIPP

Damit die mit Grundiermittel behandelte Oberfläche nicht klebrig wird, sollten Sie kurz nach der Verarbeitung das nicht eingedrungene Grundiermittel mit einem sauberen, trockenen Lappen wegnehmen.
Anschließend das Ganze zwei Stunden trocknen lassen. Die Trocknungszeit sollte eingehalten werden, damit Sie zu einem perfekten Ergebnis gelangen. Die angeraute Oberfläche sollte etwas abgeschliffen werden.

Lasuren
Lasuren sind Anstrichstoffe, die zur Verschönerung des Holzes eingesetzt werden (oft auch farbig abgetönt) und mitunter mit Wirkstoffen zur Vorbeugung der holzzerstörenden Einflüsse versetzt sind. Lasuren sind derzeit die gefragtesten Produkte zur Holzoberflächenbehandlung. Einige Lasuren sind als Öle wie z. B. Hartöl im Handel erhältlich. Die Firmen unterscheiden Dünnschicht- und Dickschichtlasuren. Dünnschichtlasuren bilden einen feinen Film auf der Oberfläche. Dickschichtlasuren ergeben eine stärkere Schicht und werden deshalb auch oft als Lacklasuren bezeichnet. Die Bindemittel der Lasuren sind Harze oder Wachse, synthetischer oder natürlicher Art.

Die Moleküle des Harzes verbinden sich beim Trocknen der Lasur sowohl untereinander als auch mit dem Holz und bilden so den gewünschten Schutz. Die pflanzlichen Bindemittel sind in natürlichem Terpentinöl gelöst.

Für die Oberflächenbehandlung gibt es je nach Beanspruchung unterschiedliche offenporige Produkte. Sie tragen zur Verbesserung des Raumklimas bei, da das Holz höhere Raumfeuchtigkeit kurzfristig aufnehmen und wieder abgeben kann. Außerdem kann überschüssige Holzfeuchtigkeit schlecht gelagerter Hölzer entweichen. Die synthetischen Bindemittel sind meistens Kunstharze, entweder chemisch veränderte Naturstoffe (**Alkydharze**) oder vollsynthetische **Acrylate**, die aus Erdöl hergestellt werden.

Die **Lösemittel** der Lasuren sind vorwiegend organische Verbindungen. Entweder werden natürliche ätherische Öle und Terpene, aliphatische oder aromatische Kohlenwasserstoffe eingesetzt.

Bei allen Lasuren auf Lösemittelbasis müssen Sie für die Reinigung der verwendeten Pinsel einen speziellen Pinselreiniger verwenden.

PROFITIPP

Lösemittel sind der Gesundheit nicht gerade förderlich, manche – wie beispielsweise Benzol – sind sogar auf der MAK-Liste als Krebs erregend ausgewiesen. Zur Vorbeugung und besseren Information sollten Sie sich diese Liste mit den gesundheitsgefährdenden Stoffen vom Umweltbundesamt schicken lassen. Am besten meiden Sie Produkte, denen solche Stoffe zugesetzt sind, und wählen Alternativen.

Wasserlasuren auf Acrylbasis sind wasserlöslich und stellen eine Alternative zu den lösemittelhaltigen Lasuren dar. Ganz neu auf dem Markt sind Wasserlasuren auf Leinölbasis. Hierbei handelt es sich um Wasserlasuren, die im Gegensatz zu den konventionellen Wasserlasuren ein natürliches Bindemittel – das Leinöl – enthalten und fast lösemittelfrei sind. Sie können neben leuchtenden, klaren Farben auch dezente, holztypische wählen. Die Wasserlasuren sind wasserverdünnbar, und alle Pinsel lassen sich gründlich mit Wasser auswaschen.

Wachse – meist Bienenwachse – erzielen eine edle Oberflächenwirkung, machen den Gegenstand gleitsicher und doch griffig. Durch den angenehmen Geruch und den matten Glanz ist Wachs ein beliebtes Möbelpflegemittel. Zudem bewirkt Wachs, dass die Oberflächen antistatisch werden.

Verschiedene Produkte werden als **Öle** angeboten wie z. B. das Hartöl, das sogar im Nassbereich eine wasserabweisende Fläche erzielen kann. Die Basis ist meistens Leinöl, das tief in den Untergrund eindringt.

PRAXISTIPP

Lesen Sie die Inhaltsangaben der einzelnen Produkte genau durch. Bezeichnungen wie „Öko", „Bio" oder „Natur" täuschen manchmal Umweltverträglichkeit vor. Nur Produkte mit dem offiziell anerkannten „Blauen Engel" sind unbedenklich für Mensch, Tier und Natur.

Beizen sind Farbstofflösungen, meist auf Wasserbasis, die das Holz einfärben. Mit Holzbeizen können Sie die Eigenfarbe des Holzes betonen.

Wenn Sie die Holzoberfläche farblich umgestalten wollen, stehen dafür mehrere Farbtöne zur Auswahl. Einige Beizen sind in Pulverform erhältlich, die meisten werden allerdings gebrauchsfertig angeboten. Die Maserung des

Kitt

Holzes bleibt nach dem Beizen erhalten.

Bei der **Ballenmattierung** (Holzüberzug) wird das Holzstück mit jedem Auftrag glänzender. Sie können durch die Anzahl der Aufträge selber den gewünschten Glanzgrad bestimmen, der von schwach matt bis stark matt, aber niemals hochglänzend werden kann. Die Bindemittel können natürlich oder synthetisch sein. Die bekannteste Ballenmattierung ist die Schellackpolitur.

Holzkitte dienen dem Ausspachteln von Vertiefungen in rohem, unbehandeltem Holz. Verschiedene Farbtöne ermöglichen ein fast unsichtbares Ausbessern.

Nach dem Trocknen kann das Holz mit allen Holzschutzmitteln behandelt werden.

Verschiedene Lacke

Öllack

Naturharzlack

Seidenglanzlack

Wenn Sie eine gegen mechanischen Abrieb und sonstige Einflüsse widerstandsfähige Oberflächenbeschichtung wünschen, sollten Sie Lackfarbe wählen. Für Böden, Türen, Fenster und Möbel ist Lack das geeignete Material.

Lacke bestehen zum einen aus Bindemitteln, die eine geschlossene Schicht auf der zu bearbeitenden Oberfläche bilden. Dazu gehören u. a. Natur- und Kunstharze, Öle und Nitrozellulose. Ferner enthalten Lacke Lösemittel, die meist auch als **Verdünnungsmittel** dienen. Sie bringen den Lack in streich- und spritzfähige Form. Weitere Bestandteile sind **Pigmente**, die die Farbigkeit des Anstrichs erzielen, Zusatzmittel, die die Verbesserung und Erhaltung der Elastizität in ölfreien Lacken erwirken, und Sikkative.

Die Einteilung der Lacke erfolgt meistens nach den Rohstoffgrundlagen.

Öllacke sind mit Ölen verkochte Naturharze, die mit Lösemitteln, meistens mit Trockenstoffen und mit Pigmenten, versetzt sind. Früher waren diese Lacke sehr gebräuchlich, heute allerdings werden sie den steigenden Ansprüchen nicht mehr gerecht. Aus gesundheitlichen Überlegungen sind sie hingegen sehr zu empfehlen, da sie selten Giftstoffe aufweisen.

PRAXISTIPP

Lacke werden mit Pinsel, Lackierrolle oder Spritzgerät aufgetragen. Vor dem Auftrag muss die Farbe gut mit einem Holzstäbchen gerührt werden, damit sich die enthaltenen Pigmente gleichmäßig verteilen. Um die Maserung einer Holzoberfläche zu überdecken, sind mindestens zwei Anstriche erforderlich.

PROFITIPP

Achten Sie auf die Art der im Lack verwendeten Pigmente. Lassen Sie sich ein technisches Merkblatt über den Lack geben und schauen Sie nach, welche Pigmente aufgeführt sind. Chrom- und chromathaltige, Blei- und Cadmiumpigmente sind giftig, Erd- und Pflanzenpigmente ungiftig.

Naturharzlacke sind qualitativ sehr hochwertige Öllacke auf der Basis von pflanzlichen Harzen und Leinöl, versetzt mit Lösemitteln, Pigmenten und meistens mit Sikkativen. Aus ökologischen Gründen sind sie sehr zu empfehlen.

Sie weisen kaum Giftstoffe auf, und es entsteht kein Sondermüll bei der Herstellung der Lackproduktion. Da die schonende Aufbereitung der Rohstoffe sehr auf-

Alkydharzlack

Nitrolack

Acrylharzlack

wendig ist, ist der Preis für die Naturharzlacke doppelt so hoch wie der der Kunstharzlacke.

Das Lösemittel, das in Naturharzlacken Verwendung findet, meist Balsamterpentinöl, kann reizend auf die empfindlichen Schleimhäute wirken.

Allerdings gibt es heutzutage bereits gesundheitsunbedenkliche Naturharzlacke, die lösemittelfrei sind (Emulsionen). Der Arbeitsaufwand, der mit dem Auftrag dieser Emulsionen verbunden ist, ist allerdings wegen der geringeren Deckkraft erheblich höher.

Alkydharzlacke sind Kunstharzlacke auf der Basis von Leinöl. Alkydharzlacke werden als Innen- und Außenlacke für Holz, Metall und Putz verwendet. Sie stellen den größten Anteil der zu verarbeitenden Lacke dar. Die Glanzgrade sind matt, seidenmatt und hochglänzend. Die Lackschicht ist gegen mechanische Beanspruchung sehr widerstandsfähig.
Als Lösungsmittel dienen aliphatische Kohlenwasserstoffe, meist Testbenzin (Terpentinersatz). Die oft verwendeten Inhaltsstoffe Xylol und Toluol wirken stark reizend auf die Schleimhäute und können zu Störungen im Atemwegs- und Lungenbereich führen.

Nitrozelluloselacke sind schnell trocknende, wasserfeste Lacke, die jedoch schwer zu verarbeiten sind, da sie beim Überstreichen durch das im Lack enthaltene Lösemittel die erste Schicht wieder anlösen. Verwendung finden sie hauptsächlich in der Möbellackierung. Die hochflüchtigen Lösemittel stellen jedoch eine große Gesundheitsbelastung für den Anwender dar.

Polymerisathharzlacke, Polyurethanlacke (DD-Lacke), **Epoxidharzlacke** und **Polyesterlacke** sind Lacke auf der Basis verschiedener Kunstharze. Sie sind für unterschiedliche höchste Ansprüche wegen ihrer Säurefestigkeit, Hitzebeständigkeit, Stoß-, Schlag- und Abriebfestigkeit geeignet. Die Inhaltsstoffe sind teilweise sehr giftig.

Bei den **Acrylharzlacken** werden die Harze mit speziellen Zusätzen zu Lacken verarbeitet, sodass sie mit Wasser verdünnbar sind.

PROFITIPP

Für Anstriche auf Metall wird meistens eine Grundierung mit Rostschutz verwendet. Bei Rostschutzmitteln, die in der Regel stark bleihaltig sind, müssen Sie unbedingt darauf achten, dass die Produkte das Umweltzeichen „umweltfreundlich, weil blei- und chromatarm" tragen.

Metalllackierung

RAL-Fächer

Acryllacke gehören zu den schadstoffarmen Lacken, da sie nur bis zu 10 Prozent organische Lösemittel enthalten. Da Arcyllackoberflächen von ihrer Belastbarkeit her den Alkydharzlackoberflächen fast ebenbürtig sind, setzen sie sich auch wegen ihrer Schadstoffarmut immer mehr durch.

Bei der Lackierung von Metall sollen die zu streichenden Flächen fettfrei, sauber und richtig vorbehandelt sein, d. h. bei Eisen müssen alle Anflüge von Korrosionsbildung verschwunden sein. Rost lässt sich mechanisch durch Schleifen oder Abkratzen entfernen.

Für tieferen Lochfraß gibt es einen chemischen Rostschutzumwandler, der auf die befallenen Stellen gestrichen wird. Für Eisen ist immer eine Grundierung mit Rostschutz nötig. Beim Lackieren gehen Sie wie folgt vor: Tragen Sie eine einmalige Grundierung auf, dann bringen Sie den Vorlack auf und abschließend den Decklack.

Für alle farbigen Lackierungen gibt es die RAL-Farbtonkarte. Die RAL-Farben sind durch Ziffern gekennzeichnet und in verschiedenen Farbsystemen anwendbar. Die Bezeichnung der Farben erfolgt durch einen Zahlencode, der direkt die Position der Farben in einem bestimmten, international gebräuchlichen Farbkreis beschreibt. So ist es möglich, durch Nennung der Zahl immer den gleichen Farbton zu erhalten.

Verschiedene Tapetenarten

Papiertapete

Prägetapete

Profiltapete

Wenn Sie Freude am Dekorieren haben und sich in einer Umgebung mit freundlichen Farben und interessanten Mustern wohlfühlen, dann ist der Werkstoff Tapete genau das Richtige für Sie.

Unter Tapete versteht man alle Decken- und Wandbekleidungen, die in Rollen gehandelt werden und deren Rückseiten (Trägerseiten) aus Papier bestehen. Die Oberfläche ist bedruckt, beschichtet oder strukturiert. Die Qualität einer Tapete hängt von der **Güte** des Rohpapiers und den **Beschichtungsstoffen** ab. Die meisten Tapeten werden als sog. Europarolle angeboten.

Papiertapeten stellen mengenmäßig den größten Anteil. Die Fond-Tapete, bei der ein vollflächiger, lichtbeständiger Grundfarbton – der Fond – aufgetragen wird, ist meistens mit einem Muster bedruckt. Sie kann auch mit einer **Gaufrage**-Walze leicht geprägt sein. Preise und Qualität variieren bei dieser Tapete stark. Die Verklebung der Papiertapete erfolgt mit normalem Kleister.

Die **Prägetapete** wird mit pastösem Beschichtungsstoff reliefartig bedruckt. Für hochwertige Prägungen werden zwei Papierbahnen aufeinander kaschiert. Sie können Normal- oder Spezialkleister verwenden.

PROFITIPP

Tapeten mit dem RAL-Gütezeichen entsprechen einer hohen Qualität und garantieren die Einhaltung gewisser ökologischer Richtlinien wie beispielsweise den Verzicht auf toxische, schwermetallhaltige Pigmente, auf FCKW, auf chlorierte und aromatenhaltige Lösemittel.

Bei den **Profiltapeten** wird durch aufschäumbare Farbpaste die Oberfläche vollflächig strukturiert, sodass eine räumliche Tiefenwirkung entsteht. Profiltapeten sind auch unter der Bezeichnung Relieftapete im Handel erhältlich. Die Tapete wird mit Normal- oder Spezialkleister verklebt.

Die **Raufasertapete** besteht aus zwei Papierschichten mit Holzfaserzusätzen. Je nach Form und Größe der Holzfasern unterscheidet man zwischen fein, mittel, grob und verschiedenen Sonderkörnungen. Raufasertapeten sind mit Dispersions-, Kasein- und Leimfarbe überstreichbar und mit Spezialkleister zu verkleben. Diese Tapeten gibt es in den Maßen 0,56 x 33,5 m und für die Tapeziermaschine 0,75 x 125 m.

Bei den **Textiltapeten** werden textile Materialien wie die Naturfasern Baumwolle, Jute, Seide, Lei-

Raufasertapete

Textiltapete

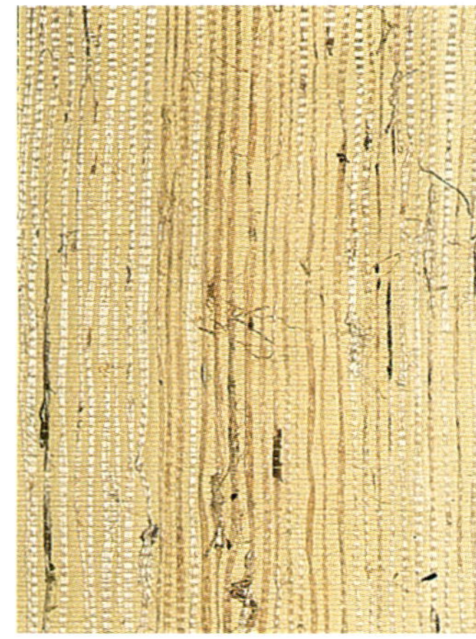

Grasfasertapete

nen oder Kunstfasern wie Viskose auf Papierträger aufgebracht. Sie sind manchmal auch gefärbt oder bedruckt.

Gerade Naturtextilien sind in der Lage, in ihren Fasern Wasserdampf aus dem Raum aufzunehmen und wieder abzugeben, und sorgen so für ein gesundes, angenehmes Raumklima.

Bei den meisten Textiltapeten müssen spezielle Dispersionskleber als Zusatz zu dem benötigten Spezialkleister gegeben werden.

PROFITIPP

Für sehr kostbare Materialien wie beispielsweise Seide ist es am zweckmäßigsten, eine dünne Untertapete aus Papier – Makulaturtapete – mit Normal- oder Spezialkleister vorzukleben.

Kunststofftapeten bestehen aus einem Trägerpapier, das mit einer ganzflächigen Kunststoffoberfläche versehen ist. Die Oberfläche kann glatt, bedruckt oder geschäumt sein. Die meisten Produkte sind als Profiltapete erhältlich. Der verwendete Kunststoff ist meistens Polyvinylchlorid (PVC), die Tapeten sind auch als Vinyltapeten im Handel. Sie werden mit Spezialkleister verklebt. Allerdings gehen die großen Tapetenfirmen heute aus ökologischen Gesichtspunkten dazu über, PVC-freie Wandbekleidungen zu entwickeln. Je nach Schichtstärke des verwendeten Kunststoffs ist die Atmungsaktivität eingeschränkt.

Bei den **Naturwerkstofftapeten** werden auf zum Teil eingefärbten Papierträgern Naturmaterialien wie Gräser und Blätter geklebt. Für Korktapeten wird die dicke Rinde der Korkeiche in hauchdünnen Plättchen auf ein farbig beschichtetes Trägerpapier geklebt. Naturwerkstofftapeten vermitteln ähnlich wie auch Textiltapeten eine behagliche Wohnraumatmosphäre.

Rollenmakulatur

Für einen gleichmäßig saugenden und hellen Untergrund wird bei teuren Tapeten ein Unterlagsstoff eingesetzt – das Makulaturpapier. Es besteht aus dünnem, unbedrucktem Rohpapier, wird wie eine Tapete tapeziert und gleicht so kleinere Unebenheiten des Untergrunds aus.

Stripmakulatur ist mit einer Beschichtung versehen, die es ermöglicht, die darüber geklebte Tapete trocken abzuziehen.

Makulatur gibt es auch in flüssiger Form, sie wird als **Feinmakulatur** im Handel angeboten und kann auf den Untergrund mit einer Deckenbürste gestrichen werden.

Abwechslungsreiche Wohnraumgestaltung mit Tapeten

Verarbeitungshinweise

Tapeten werden je nach Qualität und Ausrüstung mit Normal- oder Spezialkleister verarbeitet. Spezialkleister nennt sich Zellulosekleber und wird aus Methylzellulose gewonnen. Er ist mit Kunstharzdispersion versetzt, um größere Anfangshaftung und dauerhafte Klebkraft zu erzielen. Er wird bei schwereren Tapeten und Spezialtapeten benötigt. Für Tapeziermaschinen wird ein spezieller Tapeziergerätekleister angeboten. Tapetenkleister wird in Wasser eingerührt und nach 20 Minuten verarbeitet. Seit neuestem sind diese Produkte auch als Instantkleister zu erhalten, sie sind in drei Minuten gebrauchsfertig. **Tapetenkleister** für Textiltapeten und als Zusatz im Kleister für verschiedene andere Wandbekleidungen ist als gebrauchsfertiger Textilkleber erhältlich.

Sorgfältige Untergrundbehandlung

1

2

Vorarbeiten bei ungestrichenen Putzen

1 Entfernen Sie die groben Sandkörner mittels einer Glättkelle oder eines Malerspachtels und prüfen Sie die Oberfläche. Streichen Sie mit einem nassen Pinsel eine kleine Fläche der Wand ein.

Diese Stelle sollte beim Anritzen mit einem Stilspachtel nicht wesentlich weicher sein als der trockene **Putz**. Ist dies nicht der Fall, müssen Sie mit Tiefgrund grundieren. Eine weitere Prüfung gilt der Oberflächenfestigkeit: Sandet die Oberfläche beim Darüberreiben mit der Hand stark ab, sollte die Wand mit Haftgrund gestrichen werden.

Frischer **Kalk-** oder **Zementputz** ist bis zur vollständigen Austrocknung (zwischen 6 Wochen bis zu einem Jahr) alkalisch und zerstört Kleister und Anstriche (ausgenommen Kaseinfarbe). Er muss mit Fluat gut neutralisiert werden. Bei Alaun, der Alternative zum giftigen Fluat, setzen Sie 40 g Kalialaun (Kaliumaluminiumsulfat) in einem Liter heißen Wassers an und streichen es – unbedingt geschützt durch Handschuhe und Schutzbrille – auf die Wand (reicht in etwa für 10 qm).

2 Sonstige ungestrichenen Putze werden mit der ca. 20-prozentig verdünnten Wandfarbe als Grundierungsauftrag gestrichen.

3 In allen Fällen gilt jedoch: Streichen Sie sorgfältig mit einer Deckenbürste die nach Gebrauchsanleitung angerührte Flüssigkeit auf die Wände und lassen Sie sie gut trocknen.

Der nachfolgende Anstrich sollte am nächsten Tag erfolgen. Ältere Putze werden nach Ablösung bzw. Abwaschen ihrer verschiedenen Tapetenschichten ebenso geprüft und behandelt, da auch sie oft absanden oder saugen.

4 Tapeten müssen Sie dann ablösen, wenn sie an den Nähten stark aufplatzen, Farbschichten (bei Raufaser) abplatzen oder zu erkennen ist, dass mehrere Schichten Tapete übereinandergeklebt sind.

PROFITIPP

Wasser- oder scheuerbeständige Tapeten sind wasserabweisend. Sie können mit Hilfe eines Tapetenigels oder eines selbstgebastelten Bretts, das Sie mit Nägeln versehen, die Oberfläche mit kleinen Löchern aufwalzen, sodass Wasser eindringen kann.

Streichen Sie auf alle Wände mindestens zweimal heißes Wasser mit einer Deckenbürste auf. Die Kunst des Ablösens besteht darin, den richtigen Einweichungsgrad der Tapete zu erkennen. Die Tapete sollte bis auf den Untergrund

durchweicht sein, sodass sie sich dann mehr oder weniger vom Untergrund selbst ablöst.
Sie können dies mit einem Stielspachtel vorsichtig am Tapetenanfang über dem Boden testen. Notfalls müssen Sie noch einmal alle Wände mit Wasser einstreichen. Lassen Sie sich nicht entmutigen, manchmal ist das Ablösen trotz aller Kniffe und Hilfsmittel arbeitsintensiv und sehr mühsam.

Verbleibende Kleisterreste kratzen Sie sorgfältig ab, sodass eine ebene Fläche für die Weiterverarbeitung entsteht.

PROFITIPP

Um überflüssigen Abfall zu vermeiden, können Sie wie in früheren Zeiten den Boden mit altem Zeitungspapier abdecken und dieses nach der Arbeit ins Altpapier geben. Leim- und Dispersionsfarben gehören nicht zum Sondermüll.

3

5

4

6

Wenn sich die Tapeten wie bei den sogenannten Duplex-Tapeten trocken abziehen lassen, können Sie die verbleibende Papierschicht praktischerweise als Untertapete für die anschließende Neutapezierung auf der Wand nutzen.

5 Das Abwaschen von alten Farbschichten ist fast nur bei alten Leimfarbenanstrichen möglich. Prüfen Sie die Haftung von Altanstrichen: Streichen Sie mit einem nassen Pinsel eine kleine Fläche der Wand ein. Verfärbt sie sich dunkel und bleibt beim Darüberwischen mit der Hand an dieser Farbe haften, handelt es sich um Leimfarbe. Bei dickeren Schichten, bei einem neuen Farbanstrich mit anderem Bindemittel und bei einer Neutapezierung müssen Sie die Farbe auf jeden Fall abwaschen.

Streichen Sie mit einer Deckenbürste die Wände gut mit Wasser ein. Bei dünnen Schichten waschen Sie die Farbe mit der Deckenbürste weg und spülen die Bürste immer wieder im Wasser aus. Bei dicken Schichten schaben Sie mit dem Stielspachtel Schicht für Schicht die Farbe bis zum Putzgrund ab.

Dispersionsfarben lassen sich nur mühsam abwaschen. Hier muss im schlechtesten Fall sogar abgebeizt werden.

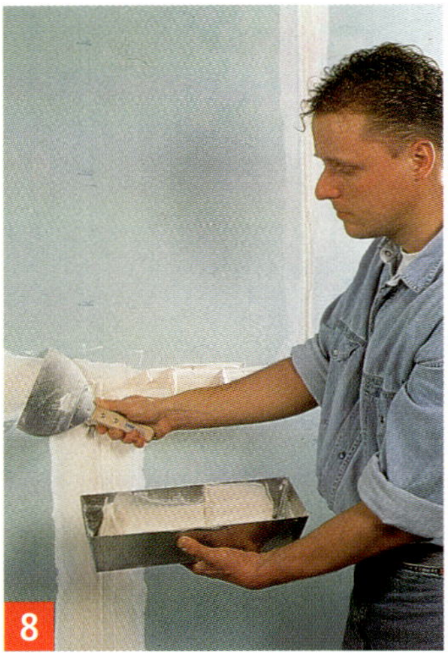

Spachtelarbeiten

Größere Ausbesserungen von **Putzschäden** sind mit artgleichem Putzmaterial auszuführen. Gegebenenfalls müssen Sie hierfür einen Fachmann beauftragen, der diese Arbeit für Sie erledigt.

6 Kleinere Putzschäden können durch Spachteln mit Spachtelmasse auf Gipsbasis oder mit schnell trocknendem Gips ausgeglichen werden. Löcher kratzen Sie am besten mit einem Stielspachtel aus, um alle losen Mörtelteile zu beseitigen. Danach füllen Sie das Loch mit der angerührten Spachtelmasse auf. Da die Spachtelmasse sich während des Trocknens etwas zusammenzieht und einfällt, sollten Sie nach ca. einer halben Stunde Trocknungszeit noch einmal spachteln. Unregelmäßige Spachtelgrate können Sie zum Schluss auf dem trockenen Untergrund mit einem feinen Schleifpapier glatt schleifen.

PROFITIPP

Benetzen Sie die ausgekratzten Stellen mit einem in Wasser getauchten Heizkörperpinsel, sodass auf dem sandigen Mörtel die Spachtelmasse nicht abrollen kann und deswegen besser haftet.

Bei kleineren Rissen verfahren Sie ebenso, grössere Risse müssen Sie mit einem Rissband armieren. Der Riss wird ausgekratzt und mit Wasser benetzt. Dann wird eine Schicht Spachtelmasse aufgetragen und das Rissband (ein hauchdünnes Glasfaserband) in Längsrichtung des Risses darüber gelegt. Tragen Sie darauf eine weitere dünne Schicht Spachtelmasse auf und ziehen Sie vorsichtig mit dem Stielspachtel über die Fläche, um sie zu glätten. Nachdem die Stelle getrocknet ist, können Sie sie mit einem feinen Schleifpapier vorsichtig schleifen.

7 Risse, die aufgrund verschiedener, gegeneinander arbeitender Materialien (Gipskartonplatten/Mauerwerk, Holz/Mauerwerk) entstehen, können dauerelastisch mit Acrylfugenmasse verfugt werden.

Auch ausgebrochene Kanten in Innenräumen lassen sich mit einer passenden Spachtelmasse oder Gips schnell reparieren. Der Handel bietet gerade für den ungeübten Heimwerker eine Reihe von Fertigprodukten an, mit denen die Arbeit zeitsparend und sauber verrichtet werden kann. Bei stärker beanspruchten Kanten, bei denen immer wieder die Gefahr des Ausbrechens besteht, sollten Sie mit Eckschutzschienen, Winkelstreifen oder Kantenschutzband weiteren Schäden vorbeugen. Die Schadstellen werden großzügig freigelegt. Dann wird der Kantenschutz aufgegipst oder festzementiert und anschließend eingeputzt.

8 Beim Einbau von Zwischenwänden aus Gipskarton müssen die Fugen zwischen den Platten verspachtelt werden. Dafür gibt es Fugenfüller auf Gipsbasis. Ziehen Sie die angerührte Masse von unten nach oben über die Fuge, sodass die Spachtelmasse in die Vertiefung gedrückt wird. Nach ca. zwei Stunden Trocknungszeit tragen Sie eine zweite dünne Schicht auf.

Putzschäden erkennen

Wenn Sie an Ihren Wänden und Decken folgende Putzschäden feststellen, sollten Sie die angegebenen Maßnahmen ergreifen:

Ungleiche Saugfähigkeit: Mögliche Ursache: ungleiche Zusammensetzung des Putzes oder Bindemittelzersetzung im alten Putz. Maßnahme: Mit Tiefgrund sorgfältig streichen.

Sandelnder Putz: Mögliche Ursache: Bindemittelzersetzung im alten Putz oder Bindemittelmangel im neuen Putz. Maßnahme: Grundieren mit Haft- oder Tiefgrund.

Ausblühungen: Mögliche Ursache: Durch Feuchtigkeit im Mauerwerk wandern wasserlösliche Salze an die Oberfläche und kristallisieren aus. Maßnahme: Gut trocknen lassen und mit Alaun oder Fluat behandeln.

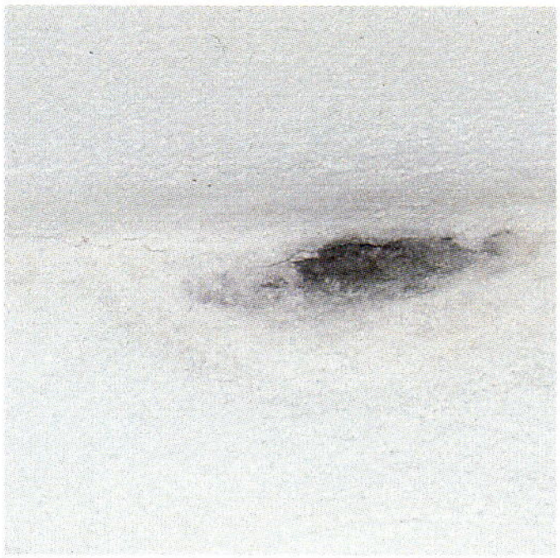

Schimmel

Ausblühungen

Netzrisse

Schimmelbefall: Mögliche Ursache: Feuchtigkeit oder fehlerhafte Dämmung und/oder mangelhafte Durchlüftung. Maßnahme: Befallenen Putz erneuern und mit 15-prozentigem Essigwasser nachwaschen oder Antischimmelmittel streichen.

Um erneuten Schimmelbefall wirkungsvoll vorzubeugen, sollten Sie es mit richtigem Lüften versuchen: Öffnen Sie die Fenster regelmäßig am Tag zu einer kurzen aber kräftigen Querlüftung, sodass die Luft zirkulieren und sich vollständig austauschen kann.

Setzrisse: Mögliche Ursache: Bewegungen im Erdreich und durch bauliche Maßnahmen im Haus. Maßnahme: Auskratzen und mit Rissband armieren.

Fugenrisse: Mögliche Ursache: gegeneinander wirkende unterschiedliche Wandbauteile, Nachschwinden schlecht gelagerter Bauteile. Maßnahme: Auskratzen und mit Rissband armieren.

Netzrisse: Mögliche Ursache: zu hoher Bindemittelanteil im Putz. Maßnahme: Auskratzen und mit Füllspachtel verspachteln.

Gelbbraune Flecken: Mögliche Ursache: Wasserflecken durch Feuchtigkeit oder Nikotinverfärbungen. Maßnahme. Trocknen lassen, mit Isolierlack auf Spiritusbasis oder mit Schellack streichen, Isoliersalzbehandlung (Ukin).

Braunschwarze Flecken: Mögliche Ursache: durch zu niedrige Abgastemperaturen im Kamin entstandene Teerflecken, die weiterwandern können. Maßnahme: Mit Schellack oder verdünntem Wasserglas über die Flecken streichen oder bei hartnäckigen Flecken den Putz abschlagen und neu verputzen.

Wand- und Deckenflächen malern

Sind nun die Untergrundarbeiten beendet und Boden und Möbel abgedeckt, können Sie mit dem Streichen des Raums beginnen. Vergessen Sie auf keinen Fall, den Strom abzuschalten!

Berechnen Sie die Flächen der Wände und Decken (4 x Breite und Höhe der einzelnen Wandflächen + 1 x Länge und Breite des Raumes). Die Menge der Farbe richtet sich natürlich stark nach der **Oberflächenbeschaffenheit** – saugende, raue und unebene Flächen brauchen mehr Farbe – und nach der Häufigkeit des Anstrichs. Ungestrichener Putz braucht nach der Grundierung zwei Anstriche, verschmutzte oder farbige Flächen ebenfalls. Als Faustregel gilt: Man benötigt etwa 1 l Farbe für 10 qm.

Sie benötigen hierfür einen **Heizkörperpinsel** aus guten Naturborsten, der auch für die Arbeit an schwer zugänglichen Stellen der gebräuchlichste Pinsel – auch in Profikreisen – ist. Ferner brauchen Sie einen Farbroller, am besten aus Lammfell, da dieses Naturmaterial optimal die Farbe aufnehmen kann. Der Handgriff sollte sich möglichst abschrauben lassen, um die Rolle auf eine Teleskopstange aus Metall oder Plastik schrauben zu können. Sie können aber auch den Handgriff auf den Verlängerungsstab stecken.

Ein **Abstreifgitter** – egal, ob aus Plastik oder Metall – und ein kleiner Farbroller aus Mohair für Fensterleibungen etc. sind ebenfalls notwendig. Wenn Sie sich nun noch einen leeren, sauberen Farbeimer zurechtstellen, können Sie mit der Arbeit beginnen.

1 Fangen Sie immer mit einem Pinsel in den Kanten und Ecken des Raums an, da die Malerrolle nicht ganz in die Ecke reicht bzw. die angrenzende Fläche verschmiert. Füllen Sie sich von der angemischten Farbe etwas in einen kleinen Eimer, mit dem Sie auf die Leiter steigen können. Mit dem Heizkörperpinsel malern Sie alle Ecken mit dünnem, gleichmäßigem Strich.

Die Farbe soll genau in den Ecken verteilt sein und jeweils etwa 3 cm in jede der Wandflächen hineinreichen.

2 Tauchen Sie den Pinsel nur bis zu drei Viertel in den Eimer, sodass die Farbe nicht am Pinselstiel herunterläuft. Streifen Sie die überschüssige Farbe immer wieder am Eimerrand ab.

Anschließend streichen Sie an der Decke weiter, da so die frisch gestrichenen Wände nicht mit Farbtropfen bespritzt werden kann. Sie arbeiten grundsätzlich immer mit dem einfallenden Licht, sodass keine Ansätze zu sehen sind. Ansätze sind die Ränder der bereits gestrichenen Flächen, an denen beim Weiterarbeiten die

4

5

6

Farbe wieder angesetzt bzw. weitergestrichen wird.

Ist diese Fläche schon angetrocknet, so bildet die neue Farbschicht einen überlappenden dickeren Streifen, der durch die unterschiedliche Schichtstärke nach dem Trocknen als Ansatz zu sehen ist. Deshalb müssen Sie schnell arbeiten (nass-in-nass), sodass die Farbe an den Anschlussstellen noch nass ist. Nehmen Sie sich immer ganze Flächen – z. B. eine Decke oder eine Wandfläche – vor. Am besten beginnen Sie morgens mit dem Streichen, so können Sie den Raum an einem Tag schaffen.

PRAXISTIPP

Streichen Sie vom Fenster weg und teilen Sie sich gedanklich die Decke in mehrere kleine Quadrate auf, die Sie der Reihe nach streichen.

3 Sie tauchen die Rolle in den Farbeimer ein. Abermals nur bis zu drei Viertel ihrer Bürstenlänge. Durch Abrollen auf dem Abstreifgitter führen Sie immer wieder die nicht benetzten Borsten in die Farbe. Dann arbeiten Sie sich von Fläche zu Fläche vor, bis Sie die ganze Decke gestrichen haben.

PROFITIPP

Streichen Sie nicht zu schnell, sonst spritzt die Farbe, und streichen Sie nicht zu fest, sonst verbrauchen Sie unnötig viel Kraft, und die Farbe drückt an den Walzenrändern heraus.

Nun folgen die Wandflächen. Streichen Sie auch hier zuerst die Ecken und Kanten. Kleben Sie gegebenenfalls Fenster- und Türrahmen mit **Tesaband** ab. Noch besser ist es, Sie versuchen exakt mit dem Pinsel an der Kante zu malen und wischen notfalls mit einem bereitgelegten nassen Lappen an der Kante entlang.

4–5 Beginnen Sie mit dem Streichen vom Fenster weg in die Raummitte hinein. Mit einem Diagonalstrich wird die Farbe zunächst auf einem Teilstück gleichmäßig verteilt.

6–7 Fahren Sie dann mit der Rolle, die Sie an einer Teleskopstange befestigt haben, senkrecht von oben nach unten. Wenn Sie merken, dass nicht mehr genug Farbe an der Rolle ist, fahren Sie noch einmal vorsichtig über die Fläche, sodass sie gleichmäßig deckt. Diese Technik nennt sich „Verschlichten der Farbe" und wird sowohl an der Wand als auch an der Decke ausgeführt.

Danach tauchen Sie die Rolle wieder in die Farbe und streichen eine weitere Fläche. Jede neu angelegte Fläche muss mit einem Streifen

7

8

9

Perfektes Streichergebnis

9 Wenn Sie keine glatte, sondern eine leicht strukturierte Oberfläche wünschen, können Sie Streichputze verwenden. Dabei handelt es sich um Wandfarben, die als Zusatz Quarzsand und -körner haben. Sie können je nach Korngröße mit der Rolle (feines Korn) oder mit der Deckenbürste (grobes Korn) gestrichen werden. Streichputze mildern durch ihre raue Struktur kleinere Unebenheiten der Wandoberfläche. Aufgrund ihrer gröberen Struktur eigenen sich die Streichputze gut für Wohnräume im Landhausstil.

die alte überlappen, um keine Schatten (nicht gestrichene Stellen) zu bilden. Mit dieser Technik können Sie Leim-, Silikatdispersions-, Kunstharz- und Naturharzfarben streichen.

8 Kaseinfarbe und Kalk werden mit der **Deckenbürste** gestrichen. Sie werden in stark verdünnter Form in mindestens drei Anstrichen aufgetragen. Sie brauchen jedoch für den gleichmäßigen und gut deckenden Auftrag etwas Erfahrung, da das Material sehr dünnflüssig ist und beim Streichen leicht zu der gefürchteten **Tränenbildung** führt.

Raufasertapeten werden ebenfalls in dieser Methode gestrichen, auch wenn schon Anstriche vorhanden sind. Beim Abplatzen älterer Farbschichten muss die Tapete natürlich entfernt und neu tapeziert werden.

PROFITIPP

Wenn Ihnen das Arbeiten auf hohen Leitern nicht behagt, können Sie sich, um die Ecken und Kanten zu streichen, einen speziellen Eckenroller aus Lammfell zulegen. Dieser dreht sich wie ein kleines Rad in den Ecken. Sie können ihn auf die Teleskopstange stecken und vom Boden aus die Farbe in die Deckenkanten streichen.

Holzoberflächen ölen und wachsen

1

2

3

4

Wenn Sie das Holz im Innenbereich so streichen wollen, dass die natürliche Schönheit der **Holzmaserung** erhalten bleibt, sollten Sie offenporige, nicht deckende Anstriche auf natürlicher Grundlage verwenden.

Etwas stärker beanspruchte Flächen werden – auch zur Reduzierung der Saugfähigkeit – mit einem Grundieröl grundiert. Das Möbelstück wird vorher von Verunreinigungen gesäubert, und eventuell vorhandene Harzreste müssen mit dem Lösemittel, das die Basis des zu verwendenden Öls ist, abgewaschen werden.

1 Hochwertige Oberflächen sollten gewässert werden. Hierzu nehmen Sie warmes Wasser. Bei stärkeren Verunreinigungen empfiehlt sich in Wasser aufgelöste Kernseife. Mit einer Wurzelbürste wird das Holz in Holzmaserrichtung geseift. Danach waschen Sie die Seifenreste mit klarem Wasser ab.

Die nach dem Trocknen aufstehenden Holzfaserchen müssen Sie mit einem feinen Schleifpapier, Körnung 240, schleifen und entstauben. Bitte gehen Sie dabei immer in Holzmaserrichtung vor, sonst könnten Schleifspuren sichtbar werden.

2 Dann tragen Sie mit einem Flächenpinsel so viel Öl auf, wie das Holz aufnehmen kann, am besten nass-in-nass. So entstehen keine Ansätze. Der Überstand wird mit einem Lappen entfernt, um Glanzgradunterschiede und Klebrigkeit der Oberfläche zu vermeiden. Besonders edle und harte Oberflächen erhalten Sie, wenn Sie die grundierte Fläche abschließend mit Bienenwachs behandeln.

3 Nehmen Sie mit einem weichen Baumwollappen etwas Wachs aus der Dose und reiben Sie es mit sanft kreisenden Bewegungen in das zu bearbeitende Werkstück ein. Überstände werden anschließend mit einem frischen Lappen abgenommen. Die Kunst des Wachsens besteht im Auftrag von hauchdünnen Schichten, zu viel Wachs bewirkt nämlich Verklebungen. Nach der Trockenzeit von mindestens 24 Stunden können Sie die Oberfläche **polieren**. Wieder bearbeiten Sie das Möbelstück mit einem Baumwolllappen oder einem Ballentuch in kreisenden Bewegungen – diesmal mit etwas mehr Druck –, bis es einen natürlichen Glanz bekommt.

4 Für sehr große Flächen, etwa Holzfußböden, können Sie sich zu diesem Zweck auch eine Bürstenmaschine ausleihen.

Holzoberflächen lasieren und beizen

1

2

3

Stark beanspruchte Holzflächen im Innenbereich können vorteilhaft durch eine offenporige Lasur, die auch im Außenbereich zur Geltung kommt, geschützt werden. Tischplatten und den Küchenarbeitsbereich aus Holz können Sie gut mit **Hartöl** auf Naturharzbasis wie oben beschrieben einlassen. Gegen stehendes Wasser sind sie natürlich nicht vollkommen geschützt, allerdings ergeben kürzere Einwirkungszeiten von Wasser und anderen Flüssigkeiten keine Flecken.

SICHERHEITSTIPP

Lösemitteldämpfe sind brennbar. Halten Sie Zündquellen wie beispielsweise Feuerzeug und Zigaretten auf jeden Fall fern. Lüften Sie gut. Und Lappen mit Leinölprodukten können wegen Selbstentzündungsgefahr durch trocknende Öle zu brennen anfangen. Deshalb sollten Sie die Lappen unbedingt in einem Blechbehälter aufbewahren.

1 Wollen Sie Ihre Holzflächen im Innenbereich farbig gestalten und zudem einen gewissen Untergrundschutz haben, so können Sie eine farbige Lasur auf Wasser- oder Lösemittelbasis verwenden. Sie wird als dünner Film auf das Holz aufgestrichen. So bleiben die Holzmaserung und die Natürlichkeit des Holzes erhalten.

Der Anstrichaufbau besteht aus einem ersten Auftrag mit einer zu 10 Prozent verdünnten Lasur und einem zweiten unverdünnten Auftrag der gleichen Lasur. Sie beginnen mit dem Reinigen und anschließenden Schliff der Fläche. Das Schleifpapier sollte eine etwas feinere Körnung haben, beispielsweise die Korngröße 240.

2 Die Lasur wird mit einem breiten Flächenpinsel aufgetragen, bei liegenden Werkstücken immer in parallel verlaufenden Streifen in Holzmaserrichtung. Bei stehenden Objekten wird die Lasur von unten nach oben aufgetragen, um eine gleichmäßig getönte Fläche zu erhalten.

PRAXISTIPP

Wenn Sie zwischen dem ersten Auftrag mit der verdünnten Lasur und dem Zweitanstrich mit unverdünnter Lasur die Oberfläche des Werkstücks etwas anschleifen, wird diese besonders schön glatt und gleichmäßig.
Der Zwischenschliff entfernt hochstehende Holzfasern und vermeidet dadurch Pigmentanreicherungen.

Wenn Sie Ihre Holzoberflächen nur farblich umgestalten wollen, stehen dafür unterschiedliche Beizen in vielen verschiedenen Farbtönen zur Auswahl.

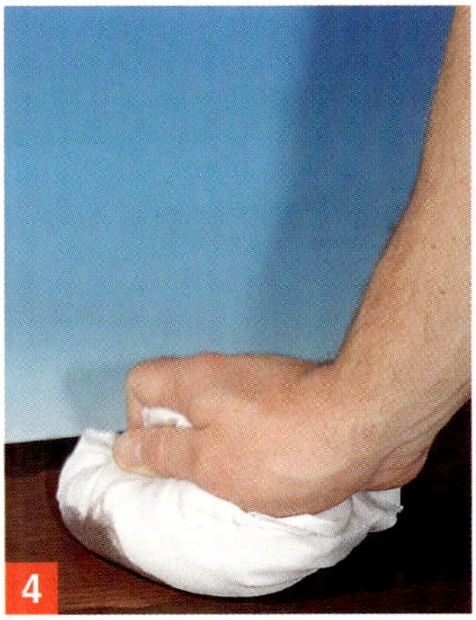

4

5

6

Die Farbintensität ergibt sich durch Verdünnen der Beize mit Wasser (bei Beizen auf Wasserbasis) oder Spiritus (bei Beizen auf Lösemittelbasis). Probieren Sie den Farbton am besten vorher an einem Reststück aus.

3 Nach sorgfältiger Vorbehandlung der Flächen tragen Sie die Beize mit einem Pinsel oder mit einem Schwamm satt auf, lassen sie kurze Zeit einwirken und nehmen dann mit dem gut ausgedrückten Schwamm oder einem Lappen den Überschuss in Maserrichtung ab.

Achten Sie auf einen gleichmäßigen Auftrag, am leichtesten arbeiten Sie sich in klein angelegten Flächen von unten nach oben vor. Bevor Sie weiterarbeiten, muss die gebeizte Fläche 8 bis 10 Stunden vollständig durchtrocknen. Danach erfolgt der zweite Anstrich. Gummihandschuhe schützen Ihre Hände vor Verfärbungen.

4 Für die Ballenmattierung formen Sie ein weiches Baumwolltuch zu einem handlichen Ballen mit faltenfreier Außenfläche. Dann tragen Sie die Mattierung Bahn für Bahn in hauchdünnen Schichten in Holzmaserrichtung auf. Je dünner der Auftrag, desto edler die Oberflächenwirkung. Ganz nach Belieben können Sie, um höhere Glanzgrade zu erzielen, noch ein oder zwei Aufträge durchführen.

5–6 Bei den verschiedenen Mitteln können vor Beginn der Mattierung Beschädigungen des Holzes mit Holzkitt in der Farbe des zu bearbeitenden Stücks zugespachtelt werden. Der Kitt wird fest in die Vertiefung gedrückt – bei tieferen Löchern in zwei Arbeitsgängen – und nach dem Trocknen mit einem feinen Schleifpapier geschliffen.

Sämtliche Pinsel müssen nach Gebrauch gut gereinigt werden, sonst werden die Borsten hart. Auf dem Etikett des zu streichenden Materials ist verzeichnet, welches Lösungsmittel zu verwenden ist. Pinsel, mit denen wasserlösliche Materialien gestrichen worden sind, werden mit Wasser ausgewaschen. Pinsel, mit denen lösungsmittelhaltige Materialien gestrichen werden, reinigen Sie entweder mit Balsamterpentin, Testbenzin oder Nitroverdünnung. Hart gewordene Pinsel lassen sich mit Pinselreiniger wieder erweichen.

PRAXISTIPP

Um sich Pinselreiniger zu sparen, sollten Sie den Pinsel über Nacht in Wasser stellen. Bei kürzeren Pausen – z. B. mittags – stecken Sie den benutzten Pinsel in eine Plastiktüte oder umwickeln ihn mit Alufolie. Luftdichtes Verschließen mit Tesakrepp verhindert für längere Zeit das Hartwerden der Borsten.

Vorarbeiten für das Lackieren

Vorarbeiten für das Lackieren an lackierten und unbehandelten Holzbauteilen

Sind die Anstriche auf einem Möbelstück oder einer Tür bereits zerstört, blättert beispielsweise der Lack ab und sind mehrere darunter liegende Lackschichten erkennbar, so muss der Anstrich komplett entfernt werden. Tragen Sie zu diesem Zweck ein lösemittelhaltiges **Abbeizmittel** satt auf die erste Anstrichschicht auf und schieben Sie nach etwa 30 bis 60 Minuten, wenn der Lackfilm sich kräuselt, diese Schicht vollständig mit einem Stahlspachtel ab.

1 Nach Entfernung aller Lackreste waschen Sie die Flächen gründlich mit Wasser (oder je nach Angabe mit Lösemittel) ab, um sie von den Resten des Abbeizmittels zu befreien. Alle auf diese Weise behandelten Flächen sind nach vollständiger Trocknung beim Anstrichaufbau wie rohes Holz zu behandeln.

2 Auch mit einem elektrischen Heißluftfön, der für diese Zwecke Temperaturen bis 600 Grad erzeugt, können Sie alte Farbschichten entfernen. Sie weichen durch die große Hitze die alte Farbe auf, die sich dann vom Untergrund hebt.

3 Anschließend schieben Sie die abgelöste Farbe Stück für Stück mit dem Stahlspachtel wieder ab. Wenn Sie alle Schichten entfernt haben, dann können Sie die letzten hart gewordenen Reste abschleifen.

SICHERHEITSTIPP

Das Enfernen von alten Farbschichten ist immer mit giftigen Dämpfen verbunden. Schützen Sie sich mit einer Atemschutzmaske, die einen Kohlefilter enthält, und bringen Sie kleine Kinder unbedingt aus dem Gefahrenbereich.

Schleifen ist auch bei einem noch gut erhaltenen Anstrich erforderlich. So werden Verunreinigungen, Körner und sonstige Unebenheiten entfernt, der Untergrund wird aufgeraut und eben, sodass eine gut haftende und gleichmäßig verlaufende Beschichtung erfolgen kann.

4 Am einfachsten arbeiten Sie hier mit einem Schwingschleifer (auch Rutscher genannt). Achten Sie darauf, dass die Maschine über einen Staubsack zur Absaugung des Staubs verfügt.

5 Wenn Sie mit der Hand schleifen wollen, legen Sie ein Schleifpapier um einen aus Kork bestehenden Schleifklotz und führen Sie diesen mit gleichmäßigem Druck über die zu schleifende Fläche.

6 Diese Schleifarbeiten werden mit Trockenschleifpapier ausgeführt. Dieses ist in verschiedenen

4

5

6

Härten und Korngrößen erhältlich. Die härtesten Papiere sind mit Aluminiumoxid (Korundpapier) und Siliziumkarbid beschichtet. Die Korngröße variiert von 16 bis 1.200. Es gilt: je größer die Zahl, umso feiner die Körnung. Für den ersten Schliff, den Grobschliff, können Sie die Körnung 80 verwenden, nachfolgende Schliffe werden immer feiner ausgeführt (120 oder 240).

Auf die glatt geschliffene, abgestaubte Fläche wird mit einem biegsamen Japanspachtel die **Spachtelmasse** aufgetragen. Sie nehmen mit dem Spachtel einen haselnussgroßen Klecks Spachtelmasse aus der Dose und setzen den Spachtel im spitzen Winkel auf die zu spachtelnde Fläche und ziehen diesen gleichmäßig darüber. So werden Unebenheiten, Vertiefungen, Risse und Kratzer Streifen neben Streifen zugespachtelt. Je nachdem, welchen Anspruch Sie an Glätte und Aussehen stellen, können Sie diesen Vorgang mehrmals wiederholen.

PRAXISTIPP

Alle Lacke sind zur Beschleunigung der Trocknung mit hochgiftigen Trockenstoffen (Sikkativen), meist Kobaltverbindungen, versetzt. Diese werden als feine Stäube beim Schleifen frei. Tragen Sie also vorsichtshalber eine Staubmaske.

Spachtelmassen können Sie nach dem Bindemittel des Lacks auswählen. Nach der vom Hersteller angegebenen Trockenzeit wird mit einem 120er-Schleifpapier die gespachtelte Fläche glatt geschliffen und der Schleifstaub entfernt. Nun ist ein gleichmäßiger und sauberer Untergrund für das Lackieren gegeben.

7

7 Rohes, ungestrichenes Holz im Innenbereich wird immer mit einer Grundierung versehen. Die Grundierung erfolgt am besten mit ca. zu 10 Prozent verdünntem Lack oder einer fertigen Grundierung. Achten Sie auf die gleiche Bindemittelbasis von Grundierung und Lack. Nach dem Trocknen schleifen Sie das grundierte Holz mit einem 120er-Schleifpapier.

Danach folgt – wie bei den vorher beschriebenen Altanstrichen – das Spachteln.

Holzoberflächen lackieren

1

2

3

Nach abgeschlossener Untergrundvorbehandlung erfolgt der weitere Lackieraufbau mit Zwischen- und Schlussanstrich. Zwischenanstriche oder auch Voranstriche werden alle Beschichtungen zwischen Grundierung und Schlussanstrich genannt. Sie dienen durch die erhöhte Schichtdicke dem Schutz des Untergrunds, sollen farbgebend decken und den Untergrund porentief glätten. Meistens wird dafür ein Vorlack auf der Basis des Decklacks verwendet (alle Anstrichschichten enthalten das gleiche Bindemittel).

Beim Lackieren gehen Sie wie folgt vor.

1–3 Sie unterteilen ganze Flächen gedanklich in mehrere Rechtecke. Mit senkrechten Pinselstrichen lackieren Sie die erste Fläche und erzielen damit lange und schmale Streifen. Danach verteilen Sie auf der gleichen Fläche ebensolche Streifen in waagerechter Ausführung. Nun gehen Sie noch einmal mit leichtem Druck in senkrechten Pinselschwüngen über die Fläche, um die Pinselspuren zu verwischen.

Diesen Vorgang, der **Kreuzgang** genannt wird, sollten Sie schnell und zügig von Fläche zu Fläche wiederholen, bis das ganze Werkstück lackiert ist. Wenn das Objekt beim Streichen liegt, hat das den Vorteil, dass es keine Läufer und Tränen gibt. Allerdings müssen Sie, da Sie das Werkstück umdrehen müssen, mit einer längeren Arbeitszeit rechnen. Die erste Seite muss nämlich, bevor sie umgedreht werden kann, ca. 6 Stunden trocknen.

Nachdem die Vorlackierung vollständig durchgetrocknet ist (mindestens 10 Stunden), schleifen Sie mit 150er-Schleifpapier nach. Ein weiterer Zwischenanstrich erhöht die Schichtstärke und damit die Deckfähigkeit und die Widerstandsfähigkeit gegen äußere Einflüsse. Es kommt nun darauf an, eine glatte Oberfläche für den Auftrag des Hauptlacks zu erhalten. Dafür ist neben dem Trockenschliff auch der Nassschliff entsprechend gut geeignet.

Im Gegensatz zum normalen Schleifpapier lagert sich bei Nassschleifpapier (günstig ist die Körnungszahl 240 oder 280), das in Wasser getaucht wird, der Schleifstaub nicht so schnell in der Körnung ab. Es kann mehrere Male ausgewaschen werden, bevor es verbraucht ist. Zudem erzielen Sie mit ihm einen besonders feinen Schliff ohne Schleifspuren. Nach dem Nassschliff wird mit klarem Wasser nachgewaschen. Die Fläche muss nun mindestens 3 Stunden trocknen.

Nach dem Abstauben können Sie mit dem Hauptlackieren beginnen. Dieses erfolgt wie beim Vorlackieren im Kreuzgang. Eine

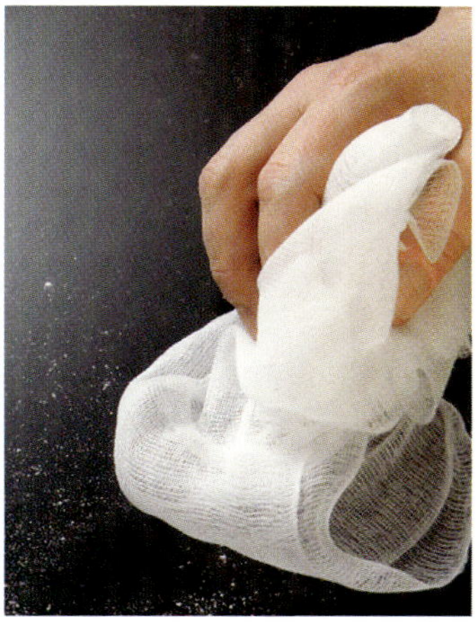

Staubbindetuch

Anmischen des Lacks

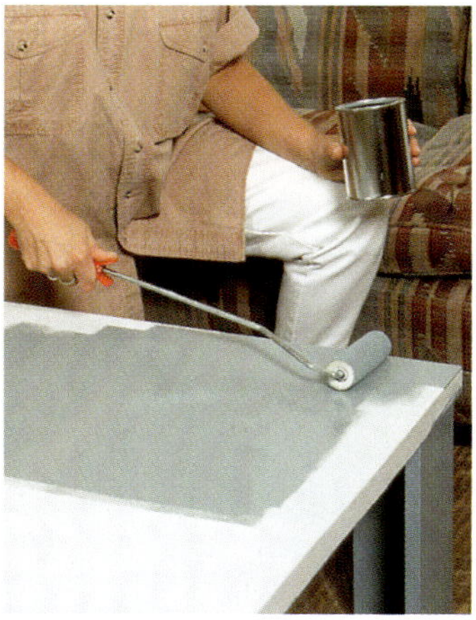

Lackierwalze

besonders schöne Lackierung gelingt Ihnen mit guten Pinseln. Verwenden Sie Ringpinsel mit Chinaborsten in den Größen 16 bis 20.

Nach Gebrauch werden diese mit dem jeweiligen Lacklösemittel gesäubert, eventuell entstandene Lackreste können auch mit Pinselreiniger entfernt werden. Nur Acryllack verlangt die Verwendung von künstlichen Borsten, die dann ausschließlich mit Wasser ausgewaschen werden dürfen. Versuchen Sie jede Staubentwicklung zu vermeiden, da sich größere Staubpartikel auf der lackierten Oberfläche ablagern und später sichtbar werden. Schützen Sie die Haare mit einem Tuch und achten Sie darauf, dass kein Schleifstaub von Ihren Kleidern auf die Oberfläche fällt. Vor allem bei Möbelstücken, bei denen die Lackierung hauptsächlich ästhetischen Zwecken dient, sollten Sie auf eine besonders erstklassige Oberfläche durch Staubfreiheit achten. Ein Staubbindetuch, das mit Harzen getränkt ist, nimmt auch die letzten Staubkörner auf.

PROFITIPP

Bei neuen Pinseln brechen leicht die Borsten ab. Verwenden Sie deshalb vor allem bei der letzten Lackierung nur gut zugearbeitete, sorgfältig gepflegte Pinsel.

Bei rohem Holz müssen Sie mit drei Arbeitsgängen rechnen: Grundierung, Zwischenanstrich (Vorlack) und Deckanstrich (Decklack). Für Fensterlackierungen gibt es Ventilationsgründe, die das Entweichen von Wasserdampf ermöglichen. Oft sind diese thixotrop eingestellt. Für Wände, die nikotinvergilbt sind, werden Mattlacke, also Wandfarben auf Alkydharzbasis, angeboten.

Praktisch: Abstreifwanne

PRAXISTIPP

Der Anstrich kann immer nur so gut sein wie der Untergrund. Lediglich auf tadellos vorbereiteten Flächen können dauerhafte, haltbare und perfekte Lackierungen erfolgen.

Wand- und Deckenflächen tapezieren

1

2

3

Beginnen Sie mit der Errechnung des Tapetenbedarfs. Mithilfe des Raumumfangs (Sie addieren die Länge der vier Wände) und der Raumhöhe (Höhe der Wand vom Boden bis zur Decke) können Sie anhand der vom Deutschen Tapeten-Institut entwickelten Bedarfstabelle die Anzahl der benötigten Rollen ablesen. Die Tabelle bezieht sich auf das Standardmaß der Eurorolle, der Tapetenbedarf kann nach Quadratmetern ausgemessen werden.

Grundsätzlich gilt: Bei keinem oder kleinem Muster werden Fenster und Türen von der ermittelten Quadratmeterzahl abgezogen, es sei denn, es sind verhältnismäßig große Flächen dabei. Bedenken Sie, dass beim Zuschneiden der Tapeten dieser Flächen ein Verschnitt anfällt. Kalkulieren Sie diesen beim Errechnen des Bedarfs mit ein.

Bei großen Mustern mit **Rapport** (d. h. gleichem Musteransatz) müssen Sie pro Bahn zu der Höhe des Raums immer noch die Länge eines Musters zugeben. Vergessen Sie auch nicht, eine Zugabe für das Beschneiden der Ober- und Unterkanten mit einzukalkulieren.

Nach Kauf der Tapetenrollen vergleichen Sie, ob die aufgedruckten Fertigungsnummern jeder Rolle übereinstimmen. Nur dann ist eine Farbtongleichheit garantiert. Die weiteren Angaben auf dem Tapeten-Einrollzettel können Sie an Hand der **Tapetensymboltabelle** studieren, sie enthält Angaben über die Qualität und die besonderen Merkmale der Tapete.

1 Selten sind die Wände gerade. Um aber einen senkrechten Verlauf der einzelnen Bahnen zu gewährleisten, müssen Sie jede Bahn **ausloten**. Nehmen Sie eine Schnur mit einem Senklot, messen Sie von der Ecke aus die Breite der Tapete minus 2 cm, die Sie für das Übereckklegen brauchen. Halten Sie dann die Schnur senkrecht nach unten und zeichnen Sie mit einem Bleistift entlang dieser Schnur oben, unten und in der Mitte mehrere Striche.

2 Mit Bleistiftstrichen entlang einer **Wasserwaage** lässt sich ebenfalls eine senkrechte Linie markieren. Messen Sie dann an diesen Punkten nach, ob die Tapete ins Eck reicht. Sollte dies an einer Stelle nicht sein, können Sie sehen, dass die Ecke schief ist. Fehlt beispielsweise 1 cm, müssen Sie das Lot um diesen cm versetzen und neue Hilfsstriche zeichnen.

3 Setzen Sie dann den **Tapetenkleister** an.

Nun können Sie die Tapetenbahnen zuschneiden. Zur Länge der Wand addieren Sie etwa 10 cm und schneiden die Tapetenbahnen auf dem Tapetentisch zu. Bei Tapeten mit Mustern geben Sie die Länge eines Musters dazu.

4

5

6

Messen Sie mit einem Meterstab die Bahnlänge auf dem Tapetentisch aus und markieren Sie mit einem Bleistiftstrich den Punkt, an dem Sie schneiden wollen. So haben Sie eine Markierung, an der Sie jede Bahn abtrennen können.

4 Nun wird die Tapetenrolle auf dem Tapeziertisch ausgerollt, die Längsseite liegt parallel zu der Längsseite des Tisches. Am Markierungspunkt legen Sie sie im rechten Winkel übereinander und falzen sie mit der Hand. An der Falzlinie entlang durchtrennen Sie die Tapete mit einem Cuttermesser oder einer Schere.

5 Wenn die Bahnen passgenau zugeschnitten sind, legen Sie sie mit dem Muster nach unten auf den Tapeziertisch und **streichen** mit der Kleisterbürste (Deckenbürste) die Rückseite der Tapete gleichmäßig **ein**. Streichen Sie immer von der Mitte nach außen bis zu den Kanten hin, sodass keine Kleisterflecken auf den Tisch und somit auf die Tapete gelangen können.

6 Eingestrichene Tapeten werden dann zum Transport und zum Durchweichen **zusammengelegt**: Klappen Sie erst die Oberkante der Bahn zu zwei Drittel bis zur Mitte, dann die Unterkante zu einem Drittel bis zur Mitte. Achten Sie unbedingt darauf, dass keine Knicke entstehen.

7 Legen Sie die **Kanten** sorgfältig **aufeinander**, damit der Kleister an den Rändern nicht zu schnell trocknet und dann an der Wand keine Klebefähigkeit mehr besitzt.

Nun müssen die Tapeten weichen. Dabei dehnt sich das Papier, um sich dann beim Trocknen an der Wand blasen- und faltenfrei zusammenzuziehen. Lassen Sie die Tapeten jedoch nicht zu lange ruhen, da sonst die Gefahr des Einreißens besteht.

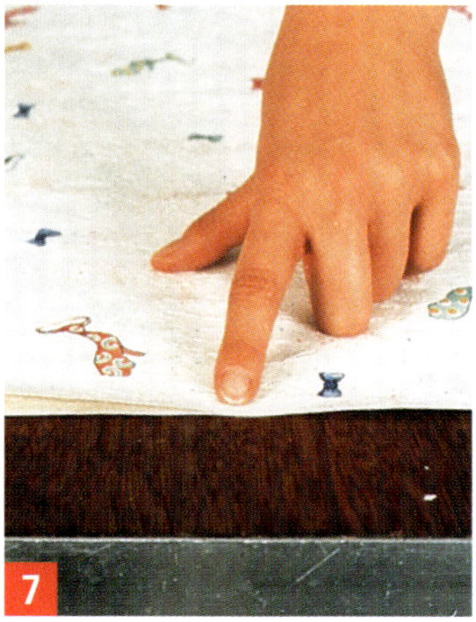
7

Jetzt können Sie mit dem Tapezieren der ersten Bahn beginnen. An jeder Wand ist die erste Bahn die wichtigste, da Sie alle anderen Bahnen nun „Stoß an Stoß“, d. h. Kante an Kante, nebeneinander kleben. Tapezieren Sie immer vom Fenster weg in den Raum hinein, da sich so an eventuell auftretenden Überlappungen der Nähte (die Ränder der Tapete) durch das darauf scheinende Licht keine Schatten bilden können.

8

9

10

8–9 Stecken Sie sich die Tapetenbürste und eine Schere in die Tasche und steigen Sie dann mit Ihrer zusammengelegten Tapete auf die Leiter. Entrollen Sie vorsichtig die Tapete. Das weiter zur Mitte zusammengelegte Teil wird immer an der oberen Lotlinie angesetzt.

Lassen Sie die Tapete locker nach unten hängen und drücken Sie die ausgefaltete Tapete sorgfältig in der Mitte mit der Bürste zunächst von **oben nach unten** und dann von **innen nach außen** an die Wand.

PROFITIPP

Blasen auf der Tapete sollten Sie am anderen Tag mit einer Schere vorsichtig aufschneiden. Spritzen Sie dann mit einer Spritze etwas Kleister hinein und drücken Sie die Tapete fest an die Wand.

10 Die **Nähte** der Tapeten werden mit einem kleinen Extraroller noch einmal **fest angedrückt**, da die Naht durch zu geringen Kleisterauftrag oft aufgeht.

Selten schließen die Tapetenbahnen genau oben an der Deckenkante ab. Lassen Sie die Tapete etwas über den Deckenansatz überstehen, ziehen Sie mit dem geschlossenen Scherenende genau in der Kante diese nach, sodass auf der Rückseite der Tapete ein Abdruck entsteht. Lösen Sie nun die Tapete wieder etwas ab, schneiden Sie an der markierten Linie entlang und drücken Sie die Tapete wieder an die Wand.

Wenn Sie merken, dass die Tapete schon etwas ausgetrocknet ist, fahren Sie vorsichtig mit einem eingekleisterten Pinsel über die Stelle. Vermeiden Sie es, Kleister auf die Tapete zu bringen, es könnten sonst nach dem Trocknen gelbe Verfärbungen entstehen.

Nun wird Bahn für Bahn weitergeklebt, halten Sie dabei auf jeden Fall die gleiche Weichzeit ein.

Ganze Bahnen sollten nicht ums Eck geklebt werden, da es beim Trocknen durch die entstandene Spannung Falten geben könnte. Messen Sie die Bahnbreite der letzten Bahn bis zur Ecke ab und geben Sie 2 cm dazu, um gut über Eck kleben zu können. Schneiden Sie die Tapete zu, kleistern Sie die zwei Stücke ein und kleben Sie den einen Teil an die Wand. An der nächsten Wand halten Sie wieder das Lot an und tapezieren mit dem zweiten Streifen weiter.

Oberhalb von Fenstern und Türen tapezieren Sie mit dem Muster weiter. Bei Fentserleibungen tapezieren Sie mit der Bahn von oben nach innen in die obere Leibung hinein, bei den Nischen rechts und links ziehen Sie die Tapete 1 cm übers Eck und schneiden die fehlenden Stücke extra zu.

Bei schwierigen Stellen wie Steckdosen oder Schaltern kleben Sie die Tapete erst über die Stelle, machen dann ein Loch in die Mitte der Erhebung und schneiden zweimal diagonal nach rechts und links oben bis zum Rand ein (**Kreuzschnitt**). Dann können Sie die Tapete mit der Schere um die Erhebung herum markieren und schneiden sternenförmig drumherum aus. Bei nicht abmontierbaren Erhebungen, Rohren usw. müssen Sie die Tapete bis zu dieser Stelle kleben und dann mit kleinen Schnitten um diese Erhebungen herumschneiden.

Anregungen und Ideen für das Tapezieren

Schwammtechnik anwenden

Es gibt zahlreiche Möglichkeiten der Oberflächengestaltung. Historische Techniken erfreuen sich dabei zur Zeit wachsender Beliebtheit, wovon einige hier vorgestellt werden: die Schwammtechnik, die Schablonentechnik und die Wickeltechnik.

AUF EINEN BLICK

Material

Weiße Wandfarbe, Abtönfarben.

Werkzeug

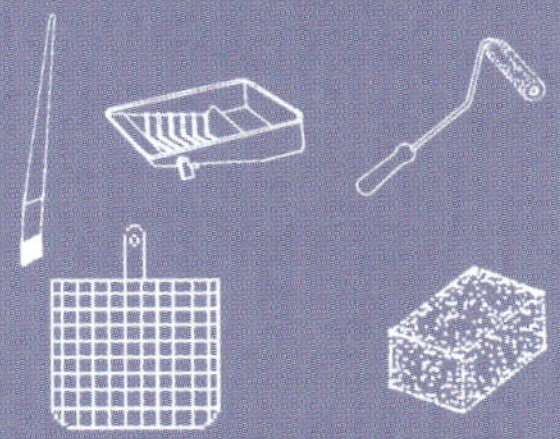

Schwierigkeitsgrad

0 1 2 3

Kraftaufwand

0 1 2 3

Arbeitszeit

Sie benötigen pro 10 qm Fläche ungefähr 3 bis 4 Stunden.

Ersparnis

Sie sparen pro 10 qm Fläche ca. 175 Euro.

Sie alle fallen unter den Begriff „dekoratives Malen" und haben ihren Ursprung in der Seccomalerei während der romanischen und gotischen Zeit. Bei der Seccomalerei wird die Farbe auf trockenen Putzuntergrund aufgebracht, im Gegensatz zur Freskomalerei, bei der die Farben auf frischen, feuchten Putz aufgetragen werden.

Die drei Techniken sind einfach anzuwenden und lassen sich auf jedem Wandanstrich, besonders gut auf Raufasertapeten, ausführen. Die Vorarbeiten entsprechen denen bei deckenden Anstrichen bzw. bei Tapezierarbeiten.

Bei diesen Techniken müssen Sie jede angefangene Fläche in einem Stück durcharbeiten, d. h. Sie arbeiten „nass-in-nass". Längere Unterbrechungen führen zu unschönen Ansätzen, die das Gesamterscheinungsbild stören.

Denken Sie auch daran, mehrere Gläser mit Schraubverschluss bereitzuhalten. Die angemischten Farben lassen sich darin eine Zeit lang aufbewahren, ohne dass sie eintrocknen. Wenn Sie mit Pigmenten arbeiten, brauchen Sie auch einen **Lasurbinder**, der die Pigmente benetzt und sie sowohl miteinander als auch mit dem Untergrund verklebt. Nehmen Sie dazu einen Binder auf Acrylbasis.

PROFITIPP

Es ist sinnvoll, wenn Sie die Anwendung der von Ihnen gewählten Technik vorher ausprobieren. Lassen Sie sich dafür in einem Baumarkt oder in einer Schreinerei mehrere kleine Hartfaserplatten (Größe 35 cm x 35 cm, Stärke 17 mm) zuschneiden. Streichen Sie diese mit der Wandfarbe, die Sie später als Untergrund benutzen, und beginnen Sie zu üben.

Bei der Schwammtechnik wird auf einem – meist farbigen – Untergrund mit einem Schwamm eine weitere Farbe dünn aufgetragen. Die spätere Wirkung beruht auf der Feinheit der aufgetragenen Farbschicht, die auch Lasur genannt wird. Die Struktur des Lasurauftrags wirkt wolkig und belebt, aber nicht unruhig. Diese Technik empfiehlt sich vor allem für Anfänger, denn ein zügiges Arbeiten ist gut möglich.

Bevor Sie mit dem Farbauftrag beginnen, streichen Sie den Unter-

grund mit einem beliebigen Farbton, der mit dem darauf folgenden Auftrag harmoniert. Wählen Sie dezente Farbtöne, so wirken auch ungleichmäßig aufgetragene Teilstücke der Wandfläche nicht grob.

In diesem Beispiel wird Französisch Ultramarin (mit viel Titanweiß aufgehellt) als Grundfarbe genommen. Für die Lasuraufträge wählen Sie dann Französisch Ultramarin (etwas weniger aufgehellt) und Burgunderrot (mit Titanweiß).

Mischen Sie sich die Farben mit den Pigmenten und dem Lasurbinder an. Je nach Intensität des Farbtons und Saugfähigkeit der Wand brauchen Sie für etwa 10 qm zwischen 200 und 400 ml Farbe. Sie können natürlich auch fertig abgetönte Farbe auf der Basis Ihrer Wandfarbe kaufen. Wenn Sie nun die Wand im Grundton gestrichen haben, stellen Sie sich die Lackwanne mit der ersten Farbmischung bereit. Feuchten Sie den Schwamm erst mit Wasser gut an, damit er weich und saugfähig wird. Drücken Sie ihn dann fest aus, damit beim Arbeiten die Farbe nicht an der Wand herunterläuft.

PROFITIPP

Wählen Sie für diese Technik einen Schwamm aus Naturmaterialien. Er hält die Farbe besser und bewirkt dadurch eine feinere Struktur.

1 Benetzen Sie den Schwamm mit der ersten Lasurfarbe. Tauchen Sie ihn dabei nicht ganz in die Farbe ein, sondern streichen Sie nur kurz über die Oberfläche der Farbe. Der Schwamm soll sich nicht mit der Farbe vollsaugen, da sonst der Auftrag an der Wand zu dick wird und unschöne Kleckse entstehen.

2 Nun tupfen Sie mit dem Schwamm in unregelmäßigen Abständen auf die Wand. Probieren Sie dabei ruhig verschiedene Bewegungen aus: Einmal drehen Sie den Schwamm, dann tupfen Sie ihn wieder mit sanftem Druck auf die Wand.

Jede Person hat ihre eigene „Handschrift", d. h. ihre eigene Art, die Farbe mit dem Schwamm auf den Untergrund zu bringen. Als Rechtshänder fangen Sie am besten in der linken oberen Ecke des Raums an (als Linkshänder mit der rechten oberen Ecke) und arbeiten sich von oben über die Mitte nach unten vorwärts. Danach wieder über die Mitte nach oben usw.

Wenn Sie merken, dass die Farbe nicht mehr so gut deckt, tauchen Sie den Schwamm wieder neu ein. Um einen wirklich gleichmäßigen Wandauftrag zu erhalten, müssen Sie immer die gleiche Menge Farbe aufnehmen und sie in gleichmäßigen Tupfen auftragen.

3 Wenn nach ein paar Stunden die erste Schicht getrocknet ist, tragen Sie die zweite auf. Jetzt benutzen Sie als Kontrastfarbe das aufgehellte Burgunderrot. Gehen Sie auf die gleiche Art und Weise wie vorher beschrieben vor.

3

4

5

4 Die Kombination unterschiedlicher Farben ruft ganz verschiedene Wirkungen hervor. Wenn Sie beispielsweise die Lasuren auf einem weißen Untergrund auftragen, erscheinen sie sehr viel transparenter und zarter. In diesem Fall überwiegt dann meistens die obere Lasurschicht. Farben im Komplementärbereich können sich im Gesamtbild harmonisch vereinigen.

PRAXISTIPP

Das Arbeiten an Ecken ist besonders schwierig, da Sie oft mit dem Schwamm auf die andere Wand tupfen und es so zu Farbüberlappungen kommen kann.
Schneiden Sie sich deshalb ein Stück Pappe zu und ziehen Sie diese beim Arbeiten als Begrenzung an der Ecke entlang.

Die **Tiefenwirkung** wird durch das Auftragen mehrerer Schichten erhöht. Allerdings müssen diese dann hauchdünn sein, damit die Fläche nicht deckend wird. Gerade am Anfang begeht man häufig den Fehler, die Farbe zu dick aufzutragen.

5 Ist die Schwammstruktur für Ihren Geschmack an der Wand zu stark sichtbar, können Sie die Fläche kurz vor dem vollständigen Trocknen mit einem breiten, weichen Pinsel oder dem Schwamm leicht verwischen.

Sie können auch, solange die Farbe noch feucht ist, mit der schmalen Borstenkante eines Schrägstrichziehers oder einem dünnen Künstlerpinsel zarte Adern in einem dunkleren Farbton in die Fläche setzen. Achten Sie darauf, dass die Abstände und auch die Stärke der Adern unregelmäßig ausfallen. Damit keine allzu harten Konturen entstehen, werden die Adern mit dem Schwamm leicht übertupft.

Die Schwammtechnik können Sie statt mit einem Schwamm auch mit einem Flächenstreicher ausführen. Dieser wird allerdings nicht getupft, sondern in kurzen, knappen Bewegungen x-förmig über die Wand gestrichen. Die Pinselstriche werden – wie bei der Schwammtechnik – nass-in-nass nebeneinander gesetzt, so verwischen die Ansätze.

PROFITIPP

Wenn Sie mehrere Farbschichten auftragen, müssen Sie darauf achten, die Schichten jeweils dünn aufzutragen, sonst erreichen Sie nicht den gewünschten Effekt.

Wände schablonieren

Schablonen sind schon in früheren Zeiten ein beliebtes Hilfsmittel der Maler gewesen, um Wände attraktiver zu gestalten. Schablonen können als individuelle Gestaltung in beinahe jeder beliebigen Form angefertigt werden – sei es als abstrakte Form oder als geometrisches Muster.

AUF EINEN BLICK

Material

Farbe, Schablone und Tesaband.

Werkzeug

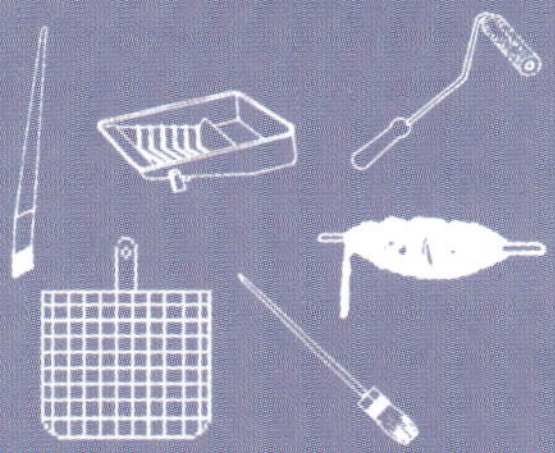

Schwierigkeitsgrad

0 1 2 3

Kraftaufwand

0 1 2 3

Arbeitszeit

Sie benötigen für 10 qm Fläche ungefähr 3 bis 4 Stunden.

Ersparnis

Sie sparen pro 10 qm Fläche ca. 125 Euro.

Als Untergrund für diese Technik eignen sich glattgespachtelte Wände sowie Raufasertapeten, die gestrichen oder schwammgetupft sein können.

Das Schablonenpapier darf nicht zu dünn sein, weil sonst die Gefahr besteht, dass es durch die Benetzung mit Wasser einreißt. Am besten nehmen Sie festere Pappe, die Sie wasserfest imprägnieren. Streichen Sie entweder eine Mischung aus Leinölfirnis und Terpentin (jeweils Hälfte-Hälfte) auf den Karton und lassen ihn eine Nacht trocknen oder Sie lackieren den Karton mit einem Klarlack.

In Künstlerbedarfsgeschäften können Sie auch spezielle ölgetränkte Schablonenpapiere (Manilapapier) kaufen. Ebenfalls geeignet ist wasserfestes Nassschleifpapier.

Führen Sie vor der Übertragung auf die Wand unbedingt einige Versuche mit der Schablone in der gewählten Farbe aus, um zu prüfen, wie der Farbton auftrocknet.

1

2

Die Farbmenge richtet sich immer nach der Dichte des schablonierten Musters. Eine genaue Maßangabe ist an dieser Stelle nicht möglich, Sie sehen jedoch beim Ausprobieren, wie viel Farbe Sie auftragen müssen.

Für die Farbmischung in unserem Beispiel nehmen Sie wieder die

3

4

5

drei Grundfarben der Schwammtechnik: Französisch Ultramarin (mit Titanweiß in zwei verschiedenen Abstufungen) und Burgunderrot.

1 Streichen Sie die Wand deckend in Burgunderrot. Bevor Sie mit dem Schablonieren beginnen können, müssen Sie zwischen 6 und 8 Stunden warten, damit die Farbe vollständig getrocknet ist. Aus der vorbereiteten Pappe reißen Sie sich eine Schablone.

2 Mit einem Pinsel wird das hellere Ultramarin über die Kante der auf die Wand angelegten Schablone entlang gestrichen. Die Borsten des Pinsels dürfen nicht zu steif sein, weil Sie sonst unter die Pappe kommen können und so das Muster verläuft. Drehen Sie nun die Schablone in unterschiedlichen Positionen über die Wand und streichen Sie mit der Farbe immer an der gerissenen Kante entlang. Sicher kommen Sie schnell in einen Rhythmus, der ein gleichbleibendes Erscheinungsbild der gemalten Linie garantiert. Tauchen Sie immer nur die Spitze der Borsten in die Farbe. Diese soll relativ trocken sein, damit sie nicht an der Wand herunterlaufen kann.

3–4 Nun nehmen Sie das dunklere Ultramarin mit dem Pinsel auf und fahren über die Kante der gleichen Schablone entlang. Übermalen Sie dabei immer die Ränder der eben gezogenen Linie. So entsteht eine reizvolle Licht-Schattenwirkung. Sie müssen nicht unbedingt die Trocknung der ersten Schicht abwarten, eventuelle Verwischungen stören bei dieser Technik das Gesamtbild nicht.

5 Mit der gezeigten Schablonentechnik lassen sich auch dekorative Natursteinverkleidungen für die Wand imitieren. Die Marmorstruktur entsteht, indem Sie die Kante eines grob gerissenen Pappstücks mit einem Schwamm übertupfen und diese Linien mit dem Schwamm leicht verwischen.

PROFITIPP

Am Anfang nimmt man oft zu viel Farbe mit dem Pinsel auf. Halten Sie sich ein Stück trockenen Baumwollrest bereit, an dem Sie überschüssige Farbe abstreifen können. Besser ist es, zu dünn als zu dick zu streichen. Nachmalen können Sie nämlich jederzeit. Läufer und Tränen sind dagegen schwer zu beseitigen. Auch bei dieser Technik ist es deshalb überaus sinnvoll, die Anwendung vorher an einem Übungsstück auszuprobieren.

Bordüren aufbringen

Eine andere Methode des Schablonierens ist das Aufbringen einer Bordüre, auch Fries genannt. Hierbei handelt es sich um eine Schablone, die als Teilelement der Raumgestaltung dient. Sie dient als Sockelabschluss oder zum optischen „Herunterziehen" hoher Decken.

AUF EINEN BLICK

Material

Farbe, Schablone und Tesaband.

Werkzeug

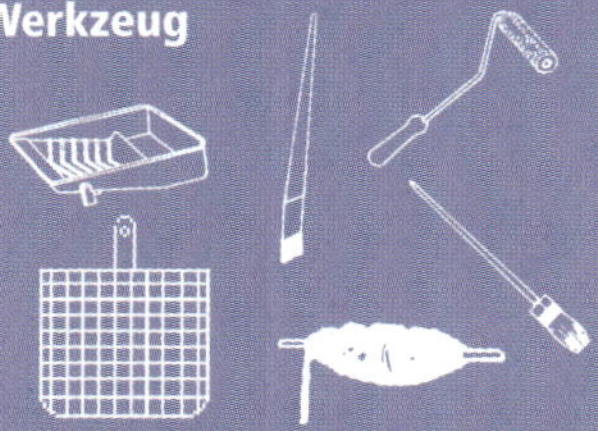

Schwierigkeitsgrad

0 1 2 3

Kraftaufwand

0 1 2 3

Arbeitszeit

Für eine 10 m lange Bordüre (inkl. 10 qm Wandfläche streichen) benötigen Sie 2 bis 3 Stunden.

Ersparnis

Sie sparen für diese Fläche etwa 150 Euro.

Man kann Bordüren auch als gleich laufendes Band an Fußböden und Türen platzieren. Meistens sind Bordüren sich wiederholende Ornamente in Bänderform, die als oberen und unteren Abschluss eine oder mehrere Linien haben.

Es gibt einschlägige Schablonen, die aus einem einfachen Ornament bestehen. Sie werden immer wieder an die bereits gestrichene Strecke angelegt und in einer Farbe gestrichen. Bei mehrschlägigen Schablonen ist das Motiv etwas komplizierter. Mehrschlägig heißt, dass mehrere „Schläge" mit Schablonen ausgeführt werden. Dabei ist für jede Farbe eine extra Schablone vorgesehen. Die Schablonen werden nacheinander auf der gleichen Stelle übereinander gelegt und mit unterschiedlichen Farben überstrichen.

Der Untergrund (glatter Putz oder feine Raufasertapete) wird deckend mit einer beliebigen Wandfarbe gestrichen. Nach der Trocknung wird mit einer Schlag-

1

2

schnur in der gewünschten Höhe eine Linie markiert. Bei dieser Arbeit lassen Sie sich am besten von einer zweiten Person helfen. Spannen Sie die mit Kreide gefärbte Schnur von einer Ecke des Zimmers zu einer anderen. Schnalzen Sie die Schnur dann an die Wand, wo sie eine feine farbige Linie hinterlässt. An dieser Linie können Sie die Bordüre anlegen. Wichtig ist es, dass die Linien im ganzen Raum exakt in gleicher Höhe aufeinandertreffen. In diesem Beispiel handelt es sich um eine fertig gekaufte Schablone, die aus einer Folie mit selbstklebender Rückseite besteht und deren Muster bereits ausgeschnitten ist.

1 Legen Sie das Schablonenmuster an der Linie an und drücken Sie es mit der Klebeseite fest an die Wand.

2 Zur besseren Haftung wird die Schablone horizontal mit einem Streifen glatten Tesakrepps befestigt. Ein weiteres Band wird einen halben Zentimeter abgesetzt geklebt, sodass ein Zwischenraum auf der Wand entsteht. Dieser wird später mit ausgemalt und stellt dann die gewünschte obere bzw. untere Linierung dar. Die Breite der Linien können Sie nach Belieben selber bestimmen.

Bestreichen Sie mit einem weichen Ringpinsel in einem Sienabraun die Oberfläche der Schablone. Durch die Schablonenöffnungen wird so das Muster auf die Wand gemalt.

Streichen Sie in kreisenden Bewegungen, damit die Pinselborsten nicht unter die Schablone gelangen. Schneller können Sie mit einer Lackierwalze arbeiten, die Sie in die Farbe tauchen und auf der Abstreiffläche einer Lackwanne von überschüssiger Farbe befreien. Die Oberflächenstruktur wird so allerdings recht grob.

3

4

Besonders für größere und sehr filigrane Muster eignet sich ein Stupfpinsel. Er ist extra für diesen Zweck geschaffen und hat kurze Borsten, die sich nicht so leicht verbiegen lassen. Stupfen Sie mit schnellen Bewegungen so auf die Schablone, dass die Borsten senkrecht zur Fläche stehen. Dadurch haben Sie die Gewähr, dass die Borsten nicht durch die Ränder an die Wand geraten. Durch das Stupfen können Sie zudem Farbschattierungen in Ihrer Bordüre erzielen.

3–4 Nachdem die Farbe ca. 3 bis 4 Stunden getrocknet ist, entfernen Sie vorsichtig die Folie. Sollte ein wenig Farbe an den Rändern verlaufen sein, bessern Sie diese mit einem kleinen Pinsel im Ton der Wandfarbe aus. Je höher der Fries an der Wand verläuft, desto weniger sehen Sie solche Unregelmäßigkeiten später.

PROFITIPP

Wenn Sie Tesakrepp auf der Wand benutzen, probieren Sie dies vorher an einer unauffälligen Stelle des Zimmers aus. Vor allem bei alten Anstrichen bleibt beim Abziehen des Bands oft alte Farbe hängen. In diesem Fall können Sie das Linieren nur noch mit einem eigens dafür angefertigten Linierlineal ausführen.

Schablonen können Sie mithilfe von Klarsichtfolie, wasserfestem Stift und einem Schneidemesser auch selber herstellen. Wählen Sie sich ein Motiv aus einem Ornamentebuch aus, übertragen Sie es auf die Folie und schneiden Sie es dann sorgfältig aus.

Wickeltechnik anwenden

Eine ebenfalls sehr dekorative, auch für den Laien durchführbare Technik ist die Wickeltechnik, auch Lappenrollen genannt. Man sieht sie noch häufig als Schmuckelement in Treppenhäusern von Gebäuden, die kurz nach der Wende zum 20. Jahrhundert entstanden sind.

AUF EINEN BLICK

Material

Farbe.

Werkzeug

Schwierigkeitsgrad

Kraftaufwand

Arbeitszeit

Sie müssen für ca. 10 qm Fläche (inkl. Streichen) mit ungefähr 3 bis 4 Stunden rechnen.

Ersparnis

Durch die Eigenleistung sparen Sie für diese Fläche 180 Euro.

Im Sockelbereich eignet sich diese Technik besonders gut, da wegen der Farbigkeit und Kleinflächigkeit des Musters Verschmutzungen kaum sichtbar sind. Auch Paneele von Holzwänden und Türen können Sie mit der Wickeltechnik gut verzieren.

Bei dieser Technik eignen sich sämtliche Beläge als Untergrund, im Besonderen Raufasertapeten. Der Untergrund muss nicht so eben sein wie bei der Schablonentechnik, da das durch die Wickeltechnik erzeugte Muster Unregelmäßigkeiten der Oberfläche gut verdecken kann.

Die Wand wird in einer Farbe deckend gestrichen, hier wählte man ein aufgehelltes Preußischblau. Bei den zwei Farbtönen, die zum Aufwickeln gedacht sind, handelt es sich um eine dunklere und eine hellere Variante derselben Farbe.

1 Sie brauchen für Ihre Tätigkeit einen Baumwollappen oder ein

1

2

Waschleder, Sie können jedoch auch grobe Jute oder dünne Plastikfolien verwenden. Geeignet sind grundsätzlich alle nicht fusselnden Stoffe. Die Stoffe können in sich geknäuelt oder um eine Malerrolle geschlungen werden. Im Handel sind aber auch fertige Rollen erhältlich, auf denen Stoff oder Folie fixiert ist. Auf jeden Fall

3

4

5

sollten Sie bei dieser Arbeit feine Gummihandschuhe tragen, da Sie den Lappen ständig in die Farbe tauchen und wieder auswringen müssen. Außerdem sollten Sie immer einen ausreichenden Vorrat an Stoff griffbereit haben, da sich die Stoffstücke mit Farbe vollsaugen und dann nicht mehr so markante Strukturen hinterlassen.

2 Nachdem Sie den Untergrund deckend gestrichen haben, tragen Sie die erste Schicht Farbe auf die Wand auf. Tränken Sie den Lappen mit Farbe und drücken Sie den Überschuss gut aus. Der Lappen darf bei dieser Technik nicht zu trocken, aber auch nicht tropfnass sein.

3 Knautschen Sie den Lappen locker mit den Händen zusammen und rollen Sie ihn in eine Richtung ab. Die Richtung kann wahlweise diagonal, senkrecht oder waagerecht sein. Behalten Sie aber die gewählte Richtung während des gesamten Arbeitsvorgangs auf jeden Fall bei.

Sie können natürlich auch zwei Bewegungen – einmal diagonal und dann in die entgegengesetzte Richtung – ausführen. Auch diese Bewegungen müssen Sie strengstens einhalten, denn wenn Sie kreuz und quer abwickeln, kann die Fläche unruhig und fleckig werden. Die Schwierigkeit bei dieser Technik besteht also darin, die Regelmäßigkeit der Bewegungen über die ganze Wandfläche hinweg einzuhalten.

4–5 Nun rollen Sie in der gleichen Art und Weise den Lappen mit der hellsten Farbe auf Ihrer Oberfläche ab. Sie erzielen so eine Tiefenwirkung und, wenn die Farbe sehr hell, fast weiß ist, einen Charakter von Stein.

Reizvoll ist es auch, Farbe von der Wand abzurollen. Sie streichen dazu die Fläche mit einer Farbe ein und wickeln dann mit dem Lappen über die Farbe, wodurch diese abgenommen wird. Wenn sich der Lappen vollgesogen hat, benötigen Sie einen frischen. Bei Anwendung dieser Technik wirkt das Gesamtbild harmonischer und in seiner Struktur dezenter.

PROFITIPP

Die Wickeltechnik ist etwas mühevoll, da Sie mit dem Wickeln eine beträchtliche Armarbeit leisten. Sie sind gut beraten, wenn Sie die Arbeit zu zweit durchführen. Eine Person wickelt in der ersten Farbe vor, die andere in der zweiten Farbe nach. Wegen der „eigenen Handschrift" sollten Sie nie die Farben wechseln.

Kassettentür lackieren

In Altbauten trifft man zumeist noch auf Kassettentüren, die im Gegensatz zu den modernen schlichten Zimmertüren über das rein Funktionale hinausgehen und einen besonderen Blickfang darstellen. Es lohnt sich daher, die Kassettentüre wieder in Stand zu setzen, wenn der Lack abblättert oder die Oberfläche vergilbt ist.

AUF EINEN BLICK

Material

Vorstreichfarbe, Decklack, Schleifpapier, Spachtelmasse.

Werkzeug

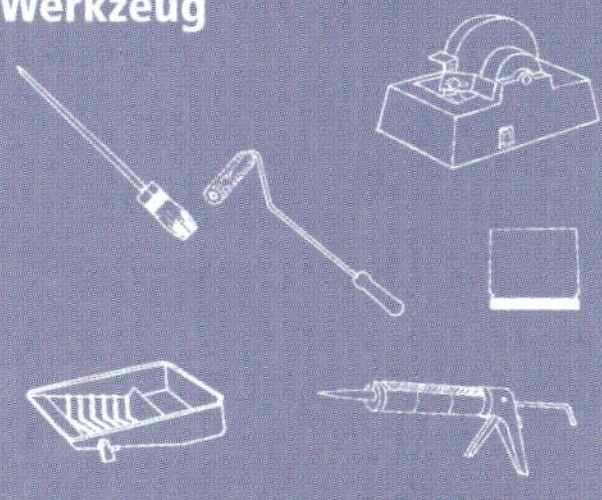

Schwierigkeitsgrad

0 1 2 3

Kraftaufwand

0 1 2 3

Arbeitszeit

Sie benötigen pro Tür ca. 4,5 Stunden.

Ersparnis

Bei einer gängigen Altbautür sparen Sie ungefähr 140 Euro.

Bevor Sie eine Tür erneuern, sollten Sie zuerst ihren Zustand prüfen. Wenn der alte Lack abblättert, sind die Schleif- und Spachtelarbeiten aufwendiger als bei einer Tür, bei der die Oberfläche nur etwas vergilbt und verschmutzt ist. In allen Fällen, auch bei noch ungestrichenen Türen, müssen Sie mal mehr, mal weniger schleifen.

Bevor Sie mit dem Lackieren beginnen, räumen Sie die umliegende Fläche der zu lackierenden Tür frei und legen Sie sie mit altem Zeitungspapier oder Plastikfolie aus. Auch angrenzende Möbelstücke und Bilder sollten entfernt bzw. mit Folie abgehängt werden, um Sie vor Schleifstaub und eventuellen Lackspritzern zu schützen.

Eine Tür besteht aus dem **Türblatt** und dem **Türfutter** (der Rahmen). Montieren Sie die Beschläge des Türblatts ab, so ersparen Sie sich das Abkleben dieser Stellen.

1 Mit einer Handschleifmaschine schleifen Sie die gesamten Flä-

1

2

3

4

5

chen von Türblatt und Türrahmen an. Spannen Sie dazu ein 80er-Schleifpapier auf den sogenannten „Schleifschuh" der Maschine. Eine größere Staubentwicklung wird dadurch verhindert, wenn Sie einen Staubsack zum Absaugen benutzen.

2 Nun müssen Sie die Eckfalze und die Profile der Kassetten gründlich abschleifen.

6

3 Anschließend entstauben Sie die abgeschleifte Fläche gründlich mit einem Staubbesen. Bei hochglänzenden Lackierungen nimmt ein Staubbindetuch den letzten Rest Schleifstaub ab.

4 Jetzt muss die Tür gespachtelt werden. Löcher, ausgebrochene Lackteile und Unregelmäßigkeiten der Oberfläche werden mit Spachtelmasse geglättet. Nehmen Sie einen Japanspachtel, der ca. 10 cm breit ist, und überziehen Sie die größeren Flächen der Füllungen bzw. der Kassetten mit der Spachtelmasse. Für die Falze können Sie schmalere Japanspachtel von 2 cm Breite verwenden, mit denen Sie genau in die Vertiefungen gelangen. Die Flächen müssen nun mindestens 8 Stunden trocknen, bis sie geschliffen werden .

PRAXISTIPP

Nehmen Sie ein Stück Holz, das in etwa die Breite eines Falzes hat, und wickeln Sie das Schleifpapier herum. Dann fahren Sie mit Druck über diejenigen Flächen, an die Sie mit der Schleifmaschine nicht herankommen. Schmale Teile werden grundsätzlich von Hand geschliffen, da beim Schmirgeln mit der Maschine die Gefahr besteht, dass die Kanten durchgeschliffen werden.

PROFITIPP

Um die langen Trocknungszeiten der Spachtelmasse zu verkürzen, sollten Sie sich eine Tube Schnellspachtel zulegen. Sie können ihn ebenfalls mit einem Japanspachtel auftragen, Schnellspachtel lässt sich jedoch nicht so gut ziehen, d. h. er ist für kleinere Vertiefungen besser geeignet als für dünne, große Schichten. Bereits nach einer Stunde Trocknungszeit können Sie Ihre Arbeit fortsetzen.

5 Wo bei der Tür die einzelnen Holzteile aneinanderstoßen, entstehen oft Risse in der Beschichtung. Diese Risse müssen verschlossen werden, allerdings treten sie nach einiger Zeit wieder auf. Um diesen Zeitraum möglichst zu verlängern, müssen die Risse mit dauerelastischer **Fugenmasse** verspachtelt werden. Hierbei spritzen Sie die Dichtungsmasse – etwas breiter als der Riss ist – in den Falz hinein. Ziehen Sie dabei die Abdichtungspistole in

7

8

9

einem Zug von oben nach unten durch. Nehmen Sie unbedingt eine Dichtungsmasse auf Acrylbasis, sie ist nämlich überstreichbar (im Gegensatz zu Silikon, das wasserabweisend ist und für Badewannenabschlüsse verwendet wird).

6 In die Ecken des eben gespachtelten Falzes streichen Sie nun mit einem feuchten Heizkörperpinsel die Spachtelmasse hinein, sodass der Strang der Spachtelmasse nicht mehr als Wulst zu sehen ist. Geben Sie in ein kleines Gefäß etwas Wasser, das mit einem Schuss Spülmittel versetzt ist. Das Spülmittel wirkt als Trennmittel und sorgt dafür, dass die Masse sich gut verstreichen lässt. Nach ca. 2 bis 8 Stunden ist die Dichtungsmasse abgebunden, bleibt aber elastisch genug, um kleinere Spannungen abzufangen. Anschließend (meistens am nächsten Tag) wird alles mit einem 120er-Schleifpapier geschliffen.

7 Dann können Sie den Vorlack auftragen. Achten Sie beim Eintauchen des Pinsels in den Lackeimer darauf, dass die Schnurbindung des Pinsels nicht mit Lack benetzt wird.

8 Nun lackieren Sie die Füllungen und die Rahmenteile. Bei den Füllungen streichen Sie die Falze und Kanten mit einem Pinsel zuerst vor. Die Kanten sollten satt mit Lack bestrichen werden, da sie stark beansprucht werden.

Verwenden Sie nur gut gereinigte Pinsel, die ausschließlich für das Lackieren bestimmt sind, denn feine Härchen oder Körner sind nur sehr schwer wieder aus der Lackfläche zu entfernen.

Streichen Sie von oben nach unten, nehmen Sie sich immer eine Teilfläche vor. Wenn Sie die Falze der ersten Kassette gestrichen haben, lackieren Sie anschließend gleich ihre Innenflächen. Der Vorlack wird in einer Art Wellenlinie nach unten verteilt, sodass Sie ihn überall gleichmäßig auftragen können.

STOP

SICHERHEITSTIPP

Wenn Sie mit dem Auftrag des Vorlacks beginnen, sollten Sie im Hinblick auf Ihre eigene Gesundheit darauf achten, dass der Raum, in dem Sie streichen, gut gelüftet ist. Denn selbst wenn Sie ein umweltfreundliches Produkt gewählt haben, wirken auch die darin enthaltenen natürlichen Lösungsmittel leicht betäubend. Idealerweise streichen Sie Ihre Tür im Freien, wenn Sie einen Helfer haben, der Ihnen beim Herausnehmen und Tragen der Tür hilft, und wenn Sie die Möglichkeit dazu haben, also einen Garten, Hof oder Balkon nutzen können.

9 Jetzt wird der Vorlack in senkrechten Streifen mit dem Pinsel

10

11

vertrieben. Dieser Vorgang des Lackierens nennt sich „Verschlichten" oder auch „im Kreuzgang lackieren". Bearbeiten Sie beim Lackieren immer ganze Flächen und gehen Sie zügig voran, da der Lack – besonders der Vorlack – schnell anzieht.

Als letzter Arbeitsschritt folgt nun die waagerechte Vertreibung des Vorlacks. Wenn der Lack gut und tief in die Poren gedrungen ist, können Sie beim nächsten Teilstück weitermachen.

Lassen Sie die eben lackierte Fläche ruhen, fahren Sie auf keinen Fall noch einmal mit dem Pinsel über den Lack, denn diese Pinselspur bleibt später als unschöne Struktur sichtbar. Wenn Sie tatsächlich etwas ausbessern wollen, können Sie das nur noch nach dem Trocknen durch Schleifen der betroffenen Stellen erledigen.

10 Sie können die großen Türflächen auch mit einer Schaumstoffrolle lackieren. Die Wanne hat eine gerippte Schräge, an der Sie die Walze gut abstreifen können.

11 Fahren Sie mit der lackgetränkten Rolle auf der Füllungsfläche in einem waagerechten Streifen entlang. So wird erst einmal der Lack verteilt.

Der Lackauftrag mit der Rolle ist etwas dünner und muss folglich nicht so oft hin und her vertrieben werden. Natürlich deckt er auch nicht so gut wie eine mit dem Pinsel lackierte Fläche, dafür läuft der Lack aber auch nicht nach unten weg. Insgesamt ist die Handhabung mit der Rolle etwas einfacher. Der letzte Strich der Vorlackierung wird in senkrechter Richtung in mehreren parallel nebeneinander verlaufenden Streifen aufgebracht. Die Streifen überlappen sich. Halten Sie folgende Reihenfolge auf jeden Fall ein: Zuerst werden die Kassetten gestrichen, dann die Rahmenteile des Türblatts und zuletzt der Türrahmen – ebenfalls von oben nach unten.

Erst nachdem die Türfläche mindestens 10 Stunden getrocknet ist, kann ein Zwischenschliff mit einem 120er- oder 150er-Schleifpapier durchgeführt werden. Vorsicht ist bei den Kanten geboten, sie dürfen nicht durchgeschliffen werden, da sie sonst später als dunkle Stellen durchschimmern. Einen besonders feinen Schliff können Sie durch das Schleifen mit Nassschleifpapier erzielen.

PRAXISTIPP

Nehmen Sie sich unbedingt Zeit für Ihre Arbeit. Bis die lackierten Teile vollständig getrocknet sind, bedarf es schon einiger Geduld. Doch besser ist es, lange Trocknungszeiten in Kauf zu nehmen, als Mittel zu verwenden, die aufgrund von Zusätzen zwar schneller trocknen, jedoch giftige Ausdünstungen haben und der Gesundheit schaden.

Die anschließende Decklackierung mit dem Hauptlack führen Sie in der gleichen Art und Weise aus wie die Zwischenlackierung. Altbautüren eignen sich bestens zum farbigen Gestalten: Vor allem klare Unifarben setzen fröhliche Akzente in Räumen mit weißen Wänden (Seite 55).

Raufasertapeten anbringen

Raufasertapeten erfreuen sich zunehmender Beliebtheit. Denn diese Tapetenart, die je nach gewählter Struktur – grob, mittel oder fein – ein unterschiedliches Erscheinungsbild ergibt, ist leicht zu tapezieren und überstreichbar.

AUF EINEN BLICK

Material

Raufasertapete, Tapetenkleister.

Werkzeug

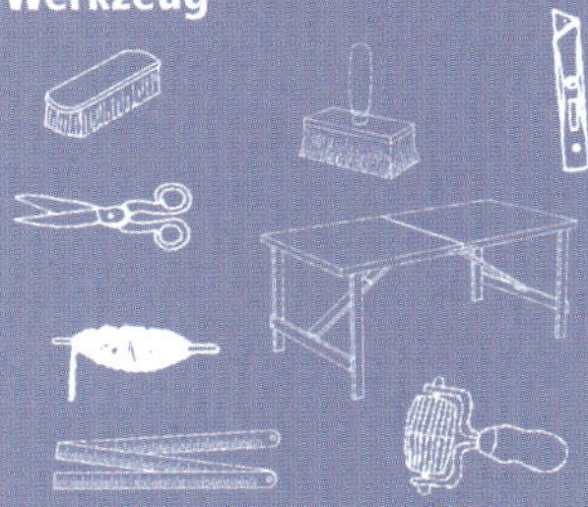

Schwierigkeitsgrad

0 1 2 3

Kraftaufwand

0 1 2 3

Arbeitszeit

Um eine Wandfläche von ca. 10 qm zu tapezieren, brauchen Sie ungefähr 3 Stunden.

Ersparnis

Ein Profi verlangt pro qm 11 Euro. Sie sparen diese Summe abzüglich der Materialkosten.

Nachdem immer mehr Nachteile der Kunstharzdispersionsfarbe bekannt wurden – sie lässt sich beispielsweise nur sehr schlecht vom **Putzuntergrund** entfernen – ist das Tapezieren mit Raufasertapete „die" ökologische Alternative bei der Wandgestaltung von Wohnräumen. Raufasertapete lässt sich mit fast jeder Farbe streichen, und wenn sich die Oberfläche nach mehreren Anstrichen zugesetzt hat, kann die Tapete und mit ihr sämtliche im Anstrich enthaltenen Schmutz- und Schadstoffe problemlos entfernt werden.

Den **Tapetenbedarf** können Sie sich anhand der unten stehenden Tabelle errechnen. Messen Sie die Höhe und die Länge der vier Wände (H/L) und entnehmen Sie der Tabelle die Anzahl der benötigten Rollen.

Nur große Fenster- und Türflächen werden vom errechneten Bedarf abgezogen.

Kleinere Flächen werden mit dem Verschnitt von Ober- und Unterkanten verrechnet.

1 Nachdem Sie die Wandhöhe gemessen haben, schneiden Sie nun auf dem Tapetentisch mehrere Bahnen zu. Schneiden Sie die Bahnen immer etwas länger zu, damit Sie nachher bei der tapezierten Bahn beim Schneiden der Ober- und Unterkante genügend Spiel haben.

H/L	10	15	20	26
2,00	2	2	3	3
2,25	2	2	3	4
2,50	2	3	3	4
2,75	2	3	4	4
3,00	2	3	4	5
3,25	2	3	4	5

2 Bei der herkömmlichen Methode – dem Einkleistern von Hand – müssen Sie darauf achten, dass Sie gleichmäßig einkleistern. Legen Sie dazu die Tapeten mit der Ansichtsseite auf den Tapeziertisch. Empfehlenswert ist, beim Tapezieren von Raufasertapeten gleich zwei oder drei Bahnen einzukleistern, da die Arbeit bei geraden Bahnen recht zügig vorangeht. Die Längskante der Tapetenbahn soll dabei parallel zur Längskante des Tisches liegen.

Da die Tapetenbahnen meist schmaler sind als die Tischbreite, legen Sie die obere Kante der Tapetenbahn um einen halben Zentimeter über die Kante des Tapeziertisches und streichen den oberen Teil der Tapete bis zur Mitte der Bahn mit einer Kleisterbürste gleichmäßig ein.

Dann ziehen Sie die Tapete an die untere Kante des Tisches zu sich her und streichen den Rest der Tapete fertig ein. So vermeiden Sie das Einkleistern der darunter liegenden Tapetenbahn und damit unterschiedliche Weichzeiten.

Raufasertapeten können satt eingestrichen werden. Bedenken Sie, dass auch die Kanten genügend Kleister bekommen. Kleinere Kleisterflecken sind bei dieser Art der Wandbekleidung kein Problem, da die Tapeten später überstrichen werden.

3 Auch Ungeübte können Raufasertapeten mit Hilfe einer Kleistermaschine tapezieren. Dies bedeutet eine erhebliche Arbeitserleichterung und Zeitersparnis, da die Bahnen nicht mehr von Hand eingekleistert werden müssen.

Das Kleistergerät besteht aus einer Kleisterwanne und zwei Rollen. Setzen Sie den Tapeziergerätekleister (Ansatzverhältnis 1:35) wie folgt an:
Rühren Sie in 7 l kaltes Wasser den Packungsinhalt des Tapeziergerätekleisters zügig ein und schlagen Sie ihn dann nach 3 Minuten mit einem Heizkörperpinsel kräftig durch. Der Kleister ist nun gebrauchsfertig und reicht für etwa 35 qm. Füllen Sie ihn dann in den Kleisterbehälter ein.

Die Tapetenbahnen werden mit der Ansichtsseite nach oben über die obere Rolle in die Maschine eingelegt und auf den Tapetentisch gezogen. Die untere Rolle sorgt dabei für einen gleichmäßigen Auftrag des Kleisters auf der Tapete. Die Dicke der Kleisterbeschichtung können Sie nach Belieben am Gerät regulieren.

4 Wenn die Tapetenbahn dann mit der eingekleisterten Seite nach oben auf dem Tisch liegt, schlagen Sie erst die eine Seite bis zur Mitte und dann die andere Seite bis zur Mitte ein.

Dann legen Sie die Tapete noch einmal bis zur Hälfte zusammen und legen sie zur Seite.

5 Raufasertapeten sollten ca. 10 Minuten weichen. Natürlich hängt die Weichzeit auch von der Stärke des Papiers ab. Achten Sie immer auf gleich lange Weichzeiten aller Bahnen.

4

5

Raufasertapeten gibt es in verschiedenen **Körnungen**, d. h. die Größe und Anordnung der im Papier eingebetteten Holzfasern variiert von fein über mittel bis zu grob. Mittlerweile gibt es auch

6

7

trocken abziehbare Raufasertapeten, diese können Sie auch nach dem Streichen in einigen Jahren wieder trocken von der Wand abziehen. Die Einweichzeit dauert hier etwas länger.

PROFITIPP

Legen Sie bei den eingekleisterten Tapeten immer Kante auf Kante, damit Ihnen die Ränder nicht austrocknen.

6 Nun loten Sie wie im Grundkurs beschrieben die erste Bahn aus. Benutzen Sie dazu einen weichen Bleistift, auf keinen Fall einen Kugelschreiber, einen Filz- oder Kopierstift. Es könnten sonst Flecken auf der Wand entstehen, die später durchschlagen und nicht mit Dispersionsfarbe überstreichbar sind.

7–8 Jetzt können Sie mit dem Verkleben der ersten Bahn beginnen. Im Prinzip besteht kein großer Unterschied in der Technik des Tapezierens von Raufasertapeten und anderen Tapetenarten, es geht jedoch mit Raufasertapeten wesentlich einfacher. Kleine Unregelmäßigkeiten wie Risse, aufgeplatzte Nähte o. Ä. lassen sich später beim Streichen geschickt kaschieren.

Setzen Sie die erste Bahn an der Deckenkante sowie entlang der Lotmarkierung an und drücken Sie sie mit der Tapezierbürste oder Rolle an die Wand. Grundsätzlich wird von der natürlichen Lichtquelle weg tapeziert, ob Sie dabei links oder rechts vom Fenster anfangen, ist unerheblich. Auch hier gilt: Kleine Fehler wie **Über-**

8

9

10

lappung der Nähte lassen sich durch Farbe verdecken. Achten Sie trotzdem auf einen senkrechten Verlauf der ersten Bahn, denn an dieser orientieren sich alle folgenden Bahnen der ersten Wand.

9 Achten Sie darauf, alle **Lufteinschlüsse** herauszustreichen. Sollten allerdings dabei Falten entstehen, müssen Sie die Bahn noch einmal anheben und sorgfältig neu ausrichten.

Falls Sie merken, dass der Untergrund zu trocken ist und die Tapete keine gute Haftung besitzt, leimen Sie die Wand mit einer dünnen Kleisterflüssigkeit vor. Bereiten Sie diese mit dem gleichen Tapetenkleister, den Sie für Ihre Raufasertapeten benutzen, nach Gebrauchsanweisung zu.

Streichen Sie dann mit einer Deckenbürste die Kleisterlösung an alle Wände, die Tapete hat jetzt eine größere Haftung. Auch mit dem Anbringen der Bahnen werden Sie sich leichter tun, da Sie die Tapeten an der feuchten Wand gut hin- und herrutschen und somit auch leichter auf Stoß legen können.

10 Wenn die Tapete glatt an der Wand klebt, muss sie oben und unten einen geraden Abschluss haben. Markieren Sie sich mit dem Scherenrücken eine Linie, an der Sie den überstehenden Tapetenrest abschneiden.

Sollten Sie keine Fußbodenleisten haben, dann schneiden Sie die Bahnen so zu, dass Sie nur für das obere Tapetenende eine kleine Zugabe haben. Im unteren Bereich haben Sie vom Boden ab etwa 5 cm Spiel, um die Tapete ohne Spalten zu verkleben. Rechnen Sie also die Bahnlänge genau vom Boden weg plus die 2 cm Zugabe für oben. Sollten Sie sich doch einmal vermessen haben und die Bahn tatsächlich zu kurz geraten sein, dann setzen Sie einfach Stoß an Stoß den fehlenden Streifen Tapete an. Nach dem Überstreichen werden Sie die Nahtstelle nicht mehr sehen.

11 Wenn Sie nun mit dem Tapezieren der zweiten Bahn fortfahren, machen Sie dies auf die gleiche Art und Weise wie vorher beschrieben. Wichtig ist, dass Sie auf einen genauen Kantenanschluss achten. Jede Bahn wird Kante für Kante aneinander geklebt. Drücken Sie zuerst die obere linke Seite fest an die Wand, damit die Tapete nicht zu rechtslastig an dem Stoß der vorherigen Bahn ausgerichtet wird und sich dadurch verzieht.

12 Die Nahtstellen werden häufig vernachlässigt. Sie platzen auf, weil zu wenig Kleister aufgetragen wurde oder der Untergrund zu

11

13

12

stark saugt. Verwenden Sie einen Nahtroller, mit dem Sie die Tapete in diesem Bereich andrücken.

13 Bei Innenecken wird die Bahn ca. 5 cm über die Ecke geklebt und in der Ecke abgerissen. Bei Außenkanten trennen Sie die Bahn an der Kante mit dem Cuttermesser ab. Ebenso verfahren Sie an der Anschlussbahn.

Wenn Sie merken, dass der Kleister zu stark herausquillt, müssen Sie die nachfolgenden Bahnen etwas dünner einkleistern. Auch zu schnelle Trocknung kann zum Aufplatzen der Nähte führen. Die Raumtemperatur sollte sowohl beim Anbringen der Tapete als auch beim Trocknen gleichmäßig sein. Durchzug und zu starkes Heizen sollten vermieden werden.

14 Bedingt durch die Länge der Raufasertapeten sollten Sie Decken am besten zu zweit tapezieren. Eine Person drückt die Tapete an die Decke, die zweite hält die Tapetenbahn mit einem Besen hoch. Die erste Bahn wird in Bahnbreite mit einem Schnur-

schlag markiert, so erhalten Sie eine gerade Lotlinie, an der Sie sich beim Anlegen der Bahn orientieren können. Dann können Sie wie vorher beschrieben weitertapezieren.

15 Bei der weiteren farbigen und künstlerischen Gestaltung sind Ihrem Einfallsreichtum und Ihrer Kreativität keine Grenzen gesetzt. Denn Raufasertapeten lassen sich gut überstreichen, mit Bordüren verzieren, schablonieren oder mit allen möglichen anderen Gestaltungstechniken verschönern.

14

15

Abbildungsverzeichnis

Die nachstehend aufgeführten Firmen und Personen haben Bildmaterial zur Verfügung gestellt. Da sie damit zur Gestaltung dieses Buches erheblich beigetragen haben, möchten wir ihnen für die freundliche Unterstützung herzlich danken.

AGN - Arbeitsgemeinschaft Naturfarben
Im Asenwald 12/12
70599 Stuttgart
S. 25 o. r., 31 m. + u.

A. S. Création Tapeten AG
Südstraße 47
51645 Gummersbach
S. 17, 35

Laura Ashley
Pressebüro
Poststraße 2–4
20354 Hamburg
S. 17 o. l.

AURO Naturfarben
Postfach 1238
38002 Braunschweig
S. 6 o. l. + m., 12 l.

Beeck GmbH + Co. KG
Postfach 810224
70519 Stuttgart
S. 7 u., 8 l., 9 r., 10 l., 26 l.

Brillux
Postfach 1640
48005 Münster
S. 14 o., 29 m.

Deutsches Tapeteninstitut
Postfach 500252
60423 Frankfurt a. M.
S. 15 r., 32 l., 33 o. r. + m., 34.

Dulux - ICI GmbH
Postfach 940
40709 Hilden
S. 9 m., 10 m. + r., 11, 12 r., 13 l., 24 u., 25 o. l., 26 m. + r., 27 l. + m., 42 o. r., 63 u.

ERFURT + SOHN
Postfach 230103
42391 Wuppertal
S. 15 m., 16 l., 19 u. l. + u. r., 33 o. l., 36, 38–48, 56–63 o. l.

Festo Tooltechnik KG
Postfach 808
73709 Esslingen
S. 29 l.

GARANT Türen und Zargen GmbH
Garantstraße 1
Gewerbepark Thörey
99334 Ichtershausen
S. 50

heinetex Tapeten-Verlag GmbH
Postfach 1567
67325 Speyer
S. 16 o. r., 35 o.

Henkel KGaA
Henkelstraße 67
40191 Düsseldorf
S. 32 m., 33 o.

Knauf Bauprodukte GmbH
Postfach 10
97343 Iphofen
S. 20

KRAUTOL - Werke
Werner-von-Siemens-Straße 35
64311 Pfungstadt: S. 13 r.

Marburger Tapetenfabrik J. B. Schaefer GmbH & Co. KG
Bertram-Schaefer-Straße 11
35274 Kirchhain: S. 3, 63

Molto GmbH
Postfach 1120
35790 Löhnberg/Lahn
S. 8 r., 24 u., 28 l. + r.

Oliver C. Grüner
www.gruener-design.de
S. 55

Ostermann + Scheiwe GmbH + Co.
Hafenweg 31
48155 Münster
S. 25 u. r., 27 r.

RAL
Siegburger Straße 39
53757 Sankt Augustin
S.14 u.

Schöner Wohnen Farbe
J. D. Flügger
Postfach 740208
22092 Hamburg: S. 49

Tapetenfabrik Gebr. Rasch GmbH & Co.
Postfach 1164
49562 Bramsche
S. 5 o. r., 15 l.

Alle anderen Aufnahmen fertigte **Christian A. Rieger**, Thalkirchner Straße 103
81371 München an.